KB261070

포어사이트
크리에이터

포어사이트
크리에이터

foresight
creator

이돈태

포어사이트
크리에이터

글로벌 디자이너 이돈태의
크리에이티브 전략

마치 물처럼 우리는 늘 디자인을 접하며 살고 있다. 하지만 대부분의 일반 대중은 디자인에 대한 이해도가 그리 높지 않다고 한다. 그리고 경영자들은 디자인을 활용하는 것에 어려움을 느낀다. 디자이너들은 이 정도면 디자인을 알아주겠지 하고 생각하지만 여전히 디자이너가 생각하는 디자인과 일반 대중이 생각하는 디자인에는 많은 차이가 존재한다. 이런즉 디자이너들은 디자인을 활용하지 못하는 경영자들을 아쉬워하고 경영자들은 경영의 본질에서 벗어나 보이는 디자인을 아이스크림에 꽂혀 있는 막대 초콜릿처럼 있어도 그만, 없어도 그만인 존재로 생각한다.

이런 가운데 시장은 달리는 목표물처럼 너무나 많은 변수를 가지고 움직인다. 과녁을 향해 활시위를 당겼다고 해도 화살이 과녁에

도착할 때쯤이면 과녁은 이미 사라져 버리기도 한다. 아니면 화살이 과녁에 도착하기도 전에 예측하지 못했던 변수로 인해 추진력을 잃고 바닥에 떨어지는 경우도 많다. 시장에서 외면 받고 고객에게 호응을 얻지 못한 제품처럼 말이다. 그래서 많은 기업들은 시장을 정확하게 그리고자 노력한다. 최근 비즈니스계에서 '빅 데이터(Big Data)'에 관심을 갖고 있는 것도 바로 다변화된 시장과 사회를 정확하게 예측하기 위해서일 것이다.

그러나 눈에 보이는 여러 변수를 고려하고 데이터를 분석했다고 하더라도 낭패를 보는 기업을 주변에서 볼 수 있다. 기업은 '예측'하지 못해서 망하는 것이 아니라 '상상'하지 못해서 망한다는 보스턴 컨설팅 그룹(Boston Consulting Group)의 의견도 있듯이, 어찌 보면 철저하게 데이터에 근거한 예측보다 미래를 자유롭게 그려 보는 상상력이 더 중요할 수도 있다는 말이다.

데이터를 토대로 한 정량적(定量的) 자료와 축적된 경험에서 나오는 정성적(定性的) 판단을 통해 미래를 상상하는 '포어사이트(foresight)'는 우리가 주체적으로 미래를 만들어 갈 수 있는 가장 효율적인 방법이다. 피터 드러커(Peter Drucker)가 "미래를 예측하는 가장 좋은 방법은 바로 미래를 만드는 것이다."라고 한 말도 누구나 자유로운 상상력과 아이디어로 경쟁력 있는 미래를 준비할 수 있다는 뜻이다. 미래를 준비하는 데 필요한 상상력과 포어사이트는 디자인의 핵심 가치이기도 하다. 특히 창조산업에서는 디자인이 선두에 서 있고, 창조산업을 역동적으로 이끌어 가기 위해서는 누구나 디자인에 대한 관심과 이해를 갖춰야 한다.

아시아에서 활동하는 많은 디자이너들은 경영자와 디자인을 놓고 의견을 개진할 때 나타나는 이해의 차이에 때로는 좌절감을 느낀다고 한다. 그래서 필자에게 과연 유럽의 경영자들은 디자인에 대한 이해도가 깊은지를 질문한다. 실상은 유럽 선진국에서는 디자인의 가치를 얼마나 인정받는가를 묻는 것일 수도 있다. 안타깝게도 필자가 경험한 바로는 디자인에 대한 경영자들의 인식은 아시아와 비교해 별반 다를 것이 없다. 물론 서양의 경영자들은 창조산업인 디자인에 대해 작은 부분이라 할지라도 그 가치를 인정해 주고 기꺼이 비용을 지불해 준다. 그러나 이것은 디자인을 특별한 가치로 인정해 주기 때문이라기보다는 모든 창조적인 지식 노동에 대한 가치를 인정해 주기 때문이라고 할 수 있다.

개괄적인 부분에서 보더라도 디자이너와 디자인을 도구로 활용하는 경영자 그리고 이를 수용하는 최종 대상인 일반 고객 사이에 여전히 큰 인식의 차이가 존재한다는 것을 부정하기는 쉽지 않다. 이런 차이를 줄여 나가기 위해 많은 디자이너들이 다양한 노력을 한다. 최고 경영자를 대상으로 세미나를 하거나 여러 매체에 글을 쓰기도 하고 생각과 의견을 전달하기도 한다. 필자도 지난 15년 동안 영국을 대표하는 디자인 회사 중 한 곳에 몸담으며 좀 더 많은 사람들에게 디자인과 크리에이티브 전략의 중요성을 알리기 위해 부족한 능력으로 나름 고민해 왔다. 이 책은 이러한 고민의 결정체이다.

디자인의 프로세스는 단순해 보이지만 의외로 많은 조력자들의 도움이 절실히 필요하다. 많은 참여자가 공통된 비전을 가질 때 비로소 디자인이 시장에서 파괴력 있는 효과를 갖게 된다. 어느 한 부분에만 집중된 디자인의 이해는 균형을 잃어 결국 제대로 된 디자인을 완성할 수 없다. 디자인은 모두가 좀 더 열린 마음으로 이해할 수 있어야 한다.

이 책은 이러한 이해를 돕고자 디자인을 완성해 가는 세 분야의 참여자들을 위해 크게 3부로 나누어 구성했다. 디자인의 수용을 결정하는 기업의 최고 경영자들에게 미래 기업의 경쟁력을 위해 제안하는 크리에이티브 전략과 이를 실제적으로 진행해 나가는 디자이너들에게 주제넘지만 전달하고 싶은 말들, 그리고 디자인의 최종 수용자인 일반인들에게 좀 더 쉽고 간결하게 디자인을 소개하려는 목적으로 글을 엮어 보았다.

사실 이 책은 탠저린에 입사한 지 몇 년이 지난 2000년 초, 오랜 지인인 세미콜론의 박상준 대표와의 만남에서 시작되었다. 내가 겪은 유럽 디자인의 현장을 한국의 독자들에게 소개해 주자는 단순한 목적으로 글을 쓰기로 하고 덜컥 약속을 한 후 10여 년이 훌쩍 지났

다. 중간에 간간이 글쓰기를 시도해 보았지만 완성하기가 쉽지 않았
다. 하지만 지금까지 디자이너로 살아온 15년의 시간을 돌이켜보고
미력하나마 용기를 내어 마무리해 보았다. 글을 쓰고 책을 만드는
데 도움을 주신 세미콜론의 편집부와 이린, 이진, 이안, 그리고 영혼
의 동반자인 장연우에게 감사의 마음을 전한다.

2013년 7월
이돈태

차례

서문 ·· 5

1부 CEO의 크리에이티브 전략

고객이 원하는 것을 상상하자 ··· 15

디자인 경영은 디자이너 경영과 같은 말이다 ······················ 27

레드오션에서 창의력을 발휘하라 ·· 37

디자인 혁신은 전사적 의식 개혁과 함께 이루어져야 한다 ···· 46

디자인은 일관성과 연속성이 필요하다 ································· 58

디자이너에게 권한을 주어라 ··· 68

기술의 발전 없이는 디자인의 발전도 없다 ·························· 78

글로벌리즘과 로컬리즘의 전략 ··· 86

프로세스를 인내하라 ·· 95

중소기업과 제조업을 응원하라 ··· 105

2부 디자이너의 크리에이티브 전략

자신만의 방법론에 우선순위를 두어라 ································· 117

파트너십과 네트워크를 구축하라 ·· 125

디자인은 언제나 제로에서 시작한다 ····································· 136

foresight
creator

작은 디테일이 큰 차이를 만든다　144

사람들은 나에게 무엇을 기대하는가　157

한 줌의 흙도 사양하지 않는 태산처럼　163

취업과 창업을 준비하는 후배 디자이너들에게　170

디자이너의 사회적 책임　176

3부 모두의 크리에이티브 전략

미래를 예측하는 디자인　189

K디자인에 대한 단상　200

경험을 혁신하는 디자인　210

과연 디자인이 '우리 모두'를 위할 수 있을까　217

한국 공공 디자인의 현주소　229

좋은 예술가는 모방하고, 위대한 예술가는 훔친다　237

맺음말　243

더 읽을거리　251

찾아보기　255

1

CEO의
크리에이티브 전략

foresight
creator

고객이 원하는 것을 상상하자

세상에서 가장 편안한 비행

2012년 12월 초 서울에서는 영국항공(British Airways)이 서울-런던 간 직행 노선의 운항을 14년 만에 재개하게 된 것을 기념해 런칭 파티가 열렸다. 나는 이곳에서 영국항공의 중동 아태 지역 총괄 대표인 제이미 캐시디(Jamie Cassidy)를 만났다. 그는 이 자리에서 공식적으로 내게 고마움을 표해 나는 감동을 받았다. 그가 전한 감사의 인사가 내 개인에 대한 것이라기보다는 탠저린과 영국항공의 오랜 인연에 대한 감사라고 생각했기 때문이다. 영국항공은 탠저린과의 작업을 통해 엄청난 영업 이익과 함께 이미지를 개선할 수 있는 기회를 얻었고, 탠저린은 전 세계 디자인계에서 아직도 회자되는 대표 프로젝트를 얻었으니 말이다.

2000년 탠저린은 영국항공의 비즈니스 클래스 좌석을 대대적으로 개편하는 프로젝트를 진행했다. 당시 이 항공사는 강경한 노조 활동으로 인해 조직이 약화되고 순이익이 줄어드는 등 여러 가지 어려움에 직면해 있었다. 물론 그 전에 영국항공이 이런 어려움을 돌파하려는 시도를 하지 않았던 건 아니다. 1997년에 이들은 엄청난 비용을 들여 비행기 꼬리 날개의 디자인을 바꾸었다. 그러나 이 프로젝트는 실패에 그치고 말았다. 다양한 이유가 있었지만, 가장 큰 원인은 고객들이 원하는 바를 제대로 읽어 내지 못했기 때문이었다. 한 번 큰 실패를 맛본 영국항공은 비즈니스 클래스를 개편하는 프로젝트에 사활을 걸 수밖에 없었다.

영국항공이 처음부터 강조한 가장 중요한 요구 사항은 '세상에서 가장 편안한 비행'이 가능하도록 해 달라는 것이었다. 이에 탠저린은 먼저 고객들이 어떤 환경이라면 가장 편안하다고 생각할까 상상했다. 그리고 실제로 어떤 비행을 편안하게 생각하는지에 대해 리서치를 시작했다. 영국항공의 비즈니스 클래스를 한 번이라도 이용해 본 고객들을 초대하여 연극, 토론, 게임 등의 다양한 방법을 통해 가장 편안한 비행이란 어떤 것인지 키워드로 개념화했다. 이른바 '빅 토크(The Big Talk)'라는 이름의 프로젝트였다. 탠저린은 이 프로젝트를 진행하면서 고객들이 생각하는 '편안한 비행'을 정의하는 키워드를

'세상에서 가장 편안한 비행'을 상상하고 그린 스케치로,
'하늘 위의 라운지'라는 콘셉트로 접근했다. 호텔 라운지처럼
편안하게 휴식을 취할 수 있는 공간을 생각한 것이다.

도출할 수 있었다. '프라이버시', '숙면', '더 넓은 공간', '일할 수 있는 공간', '유연함'이라는 다섯 가지가 바로 그것이었다.

우리는 이 다섯 가지 키워드를 바탕으로 비즈니스 클래스의 콘셉트를 '하늘 위의 라운지(Lounge in the Sky)'로 결정했다. 호텔 라운지처럼 편안하게 휴식을 취할 수 있는 공간을 상상한 것이다. 영국항공의 비즈니스 클래스라면 비행 중에도 마치 호텔에 누워 있는 것 같은 경험을 할 수 있다는 의미를 담고 있었다. 지금과는 달리 당시로서는 아무리 비즈니스 클래스라도 180도 평면으로 누워 있을 수 있는 항공기가 전무했기 때문에 이는 상당히 파격적인 발상이었다.

마주 보며 앉는 좌석

영국항공은 이 프로젝트에서 중요한 조건을 내걸었다. 절대 기내 승객 좌석의 수를 줄일 수 없다는 것이었다. 좌석의 개수는 영업 이익과 직결되는 문제이기 때문에 비행기나 열차 등 운송 수단을 디자인할 때 무척 민감하고도 중대한 문제다. 편안한 좌석을 만들되 좌석의 수를 줄일 수 없다는 것은 디자이너의 입장에서는 상당히 큰 도전이었다.

나를 비롯한 탠저린의 디자이너들은 수많은 고민을 거듭했고, 그

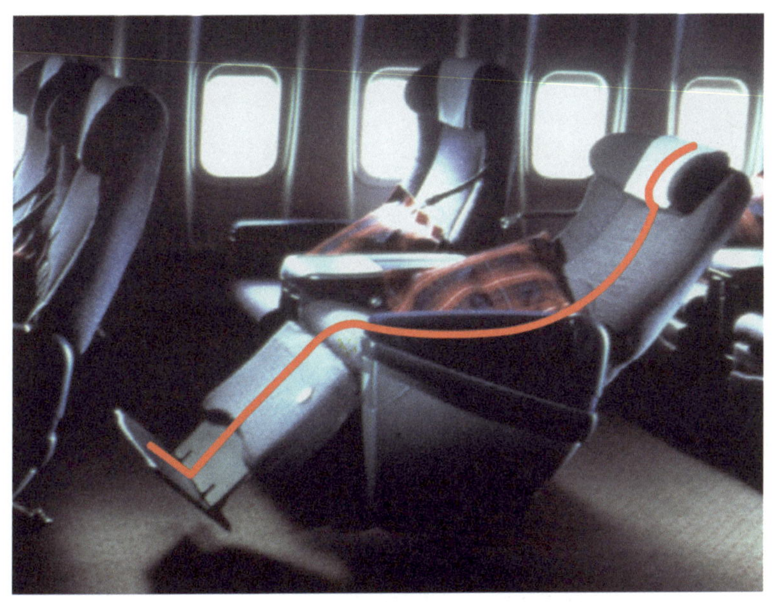

영국항공 비즈니스 클래스의 개편 전 모습

기존의 비즈니스 클래스는 일반적인 기내 인테리어 형식을 취하고 있었다.

좌석을 완전히 뒤로 젖혀도 수평으로 누울 수 있는 구조가 아니었다.

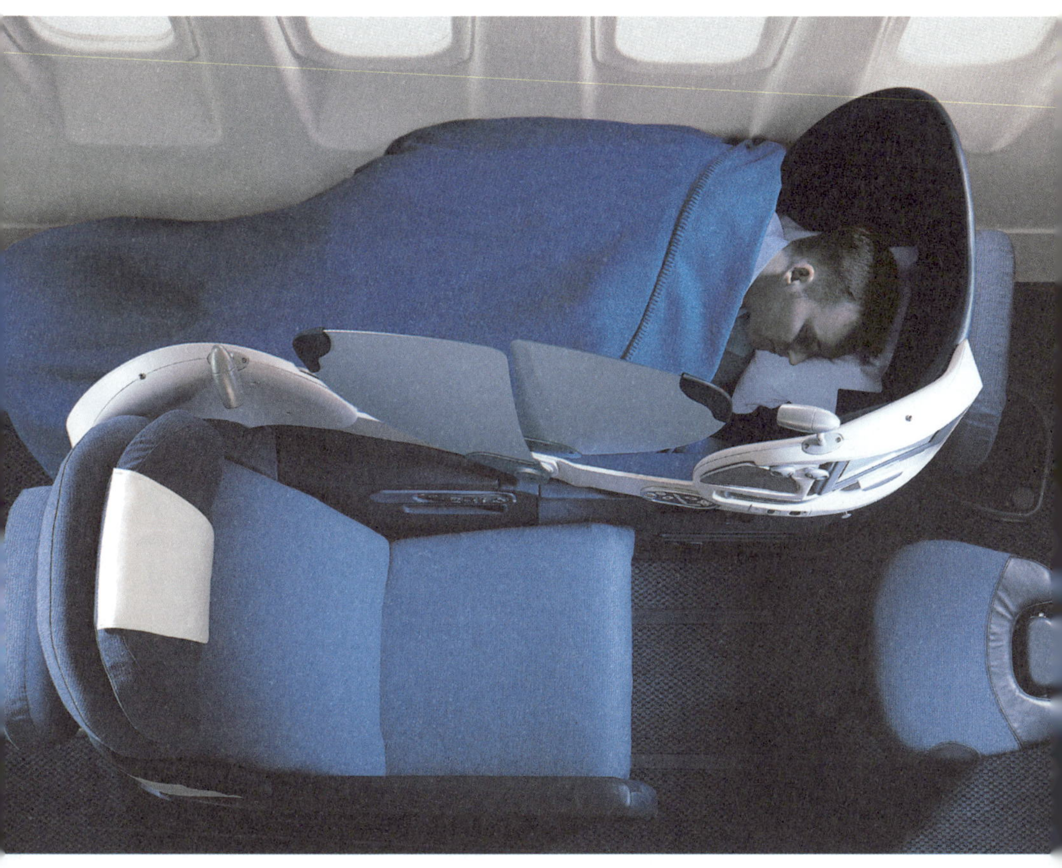

2000년 탠저린이 디자인한 영국항공의 비즈니스 클래스

우리는 기존의 좌석 개수를 유지하면서 2줄을 추가하고 앞뒤 공간을 더 넓혀 수평으로
완전히 누울 수 있는 구조로 디자인했다. 일반적으로 사람은 하체에 비해 상체가 더 크기
때문에 S자로 한 쌍을 만들면 효율적으로 공간을 활용할 수 있다는 발상이었다.

결과 'S자' 포맷을 고안해 냈다. 좌석 수를 유지한 채 2줄을 추가함으로써 앞뒤 공간을 넓혀 수평으로 누울 수 있도록 디자인한 것이었다. 일반적으로 사람은 하체에 비해 상체가 더 크기 때문에 S자로 한 쌍을 만들면 좀 더 효율적으로 공간을 활용할 수 있다는 발상이었다. 우리의 계산에 따르면 오히려 승객을 20퍼센트 정도 더 많이 태울 수 있는 획기적인 방법이었다.

이에 항공사 측은 '마주 보며 앉는 좌석'에 대한 몇 가지 우려를 표했다. 첫 번째는 앞뒤로 마주 보고 앉았을 때 비행 방향과 반대되는 방향에 앉는 승객이 불편할 수 있다는 것이고, 두 번째는 모르는 사람과 마주 보며 앉아야 하기 때문에 프라이버시가 보장되지 않는다는 것이었다. 우리는 이 우려에 대해 디자인으로 해결책을 고안해 제시해야 했다.

먼저 비행 방향과 반대 방향으로 앉는다는 것에 대한 우려는 영국의 문화적 상황을 예로 들어 설득했다. 유럽의 마차가 앞뒤 서로 마주 앉아 타는 형식이었던 데다, 아직도 영국의 많은 열차들은 좌석 절반이 이렇게 마주 보는 형태로 되어 있기 때문이었다. 영국 문화에 녹아 있는 디자인의 특성을 강조함으로써 우리는 경영진을 설득할 수 있었다.

두 번째 문제인 모르는 사람과 마주 봐야 한다는 점을 해결하기 위해 우리는 좌석 사이에 반투명 칸막이를 마련했다. 만약 친분이 있는 사람과 함께 여행한다면 칸막이를 열어 쉽게 대화할 수 있고, 모르는 사람과 앉게 된다면 칸막이를 올려 시선을 차단하고 개인적인 공간을 마련할 수 있게 함으로써 공간을 유동적으로 활용할 수 있도록 만들었다.

고객은 무엇을 원하는가

이렇게 탄생한 영국의 비즈니스 클래스는 당시 고객들에게 뜨거운 사랑을 받았다. 탠저린은 이 프로젝트로 2001년 영국 최고 권위의 디자인상인 IDEA 그랑프리를 수상했다. 새로운 디자인이 인기를 얻자 영국항공은 1등석까지 더 혁신적으로 개선했다. 영업 이익은 이 의자 하나로 연간 8천억 원씩 증가했고, 지금까지 10조 원이 넘는 영업 이익을 가져다주었다. 물론 경제적인 이익도 무척 중요한 사안이지만, 더욱 고무적이었던 것은 영국항공의 비즈니스 클래스 좌석이 세계 항공사의 디자인 아이콘으로 자리매김했다는 것이었다.

영국항공은 2006년 말 탠저린과 함께 새로운 비즈니스 클래스를 런칭했다. 이번에 탠저린이 제시한 디자인은 'Z자' 모양의 침대형 좌석이었다. 다시 한 번 대대적인 시장 조사를 통해 탠저린은 기존의 침대형 좌석과 같은 구조를 좌석 공간을 줄이지 않고 활용했다.

2006년 새롭게 런칭한 비즈니스 클래스

2000년에 개편한 비즈니스 클래스의 공간 구조를 유지하면서 한 좌석당 내부
공간은 25퍼센트 더 확장하고, 다리를 놓을 수 있는 공간은 10센티미터 더
넓어졌다. 특히 이 'Z자' 모양의 침대형 좌석은 오감 디자인을 반영한 결과물로,
더 넓은 공간을 확보하면서 편안함을 극대화해 고객의 호응을 얻었다.

그 결과 새로운 좌석은 기존에 비해 다시 25퍼센트 정도 더 확장되었고, 다리를 놓을 수 있는 공간은 10센티미터 더 넓어졌다. 특히 이 Z자 모양의 침대형 좌석은 오감 디자인을 반영한 결과물이었다. 장시간 비행을 하다 보면 일정 부위가 계속 아프다는 걸 알 수 있는데, 그것은 압점을 제대로 분배하지 못했기 때문이다. 하지만 이 좌석은 압점을 찾아서 최소화함으로써 비행을 하면서도 전혀 불편함을 느끼지 못하게 하는 데 중점을 두었다.

비즈니스 좌석을 혁신하여 제2의 전성기를 맞게 된 영국항공에게도, 세계 항공사들의 인식을 바꾼 탠저린에게도 이 프로젝트는 매우 의미가 있었다. 특히 나는 영국항공 프로젝트를 통해 고객의 입장에서 상상함으로로써 그들이 느끼는 가치의 실체를 명백하게 깨달을 수 있었다. 고객이 가장 원하는 것은 무엇인지, 가장 불편해 하는 것은 무엇인지를 찾아서 디자인으로 개선해 주면서도 기업이 이윤을 낼 수 있게 하는 것, 이것이 단순히 좌석을 S자로 만들거나 Z자로 만드는 것보다 훨씬 중요하다는 것이다. 영국항공 프로젝트를 통해 배운 이러한 교훈은 언제나 내가 가장 우선적으로 떠올리는 디자인 철학이다.

디자인 경영은
디자이너 경영과 같은 말이다

논증의 세계와 실증의 세계

"옷을 왜 그렇게 입고 오셨습니까?"

강의를 갈 때 정장을 입고 가면 이렇게 말씀하시는 분들이 있다. 디자이너라고 하면 뭔가 튀는 복장을 해야 한다고 생각하는 것이다. 이런 생각에는 디자인과 디자이너에 대한 어떤 편견이 깔려 있는 걸 알 수 있다. 그런 한편 디자이너에 대한 인식이 모호한 경우도 많다. 대기업에서 중소기업에 이르기까지 CEO들을 만났을 때 내가 가장 많이 받는 질문 중 하나는 바로 이것이다. "도대체 디자이너는 어떤 사람입니까?"

많은 기업에서 디자인 경영의 중요성에 대해서는 절감하고 있지만, 정작 디자인 경영에서 가장 중요한 역할을 하는 디자이너에 대한 인식과 이해가 부족하다는 증거다. 나는 이런 질문을 받을 때마다 기업에서 디자이너의 역할을 정하기 이전에 디자이너들은 어떤 사람들이고, 어떤 사고 체계를 가지고 있는지, 디자이너를 어떻게 이해하고 바라봐야 하는지를 먼저 고려해야 한다고 이야기한다.

CEO들이 디자이너를 이해하기 어렵다면 이는 아마도 근본적인 언어의 차이 때문일 것이다. 기업이 이윤을 추구하는 조직이라는 자명한 명제에 따라 이제까지 많은 CEO들은 마케팅이나 영업상의 수치와 통계를 바탕으로 한 정량적(定量的) 자료를 해석하여 결과를 예측하고 시장에 대비해 왔다. 수치, 통계, 이론 등을 이용한 논증을 바탕으로 결과를 도출해 내는 '경영 언어'에 익숙하다는 것이다.

반면 디자이너들은 숫자와 논증에 근거하는 '경영 언어'보다는 이미지와 실증(실행)을 바탕으로 하는 '디자인 언어'에 의해 움직인다. 실제로 경험하고 그 과정과 결과에서 느끼고 알게 된 것을 종합하여 다음 과정으로 연결할 수 있는 피드백을 찾아 분석하고 적용하는 것이다.

언어가 통하지 않으면 소통이 불가능하듯, 이런 입장의 차이는 CEO와 디자이너가 함께 디자인 경영을 실현해 나가는 과정에서 큰 걸림돌이 된다. 정확한 숫자와 통계로 도출되는 결과를 믿는 CEO의 입장에서는 모든 것을 소위 '촉(느낌)'으로 해결하는 것처럼 보이는 디자이너가 '논리적이지 않다'고 생각될 수도 있고, 반대로 자신의 직감에 의해 창의적인 발상을 하고자 하는 디자이너의 입장에서는 숫자 놀음만 하는 CEO가 답답하게 느껴질 수도 있는 것이다.

이런 생각의 차이는 디자인계 내에서도 찾아볼 수 있다. 대표적으로 미국 디자인과 유럽 디자인이 그 예다. 디자인뿐만 아니라 모든 분야에서 논증을 중시하는 미국의 대기업에서는 새로운 디자인을 결정하기까지의 절차가 꽤 복잡하다. 거대한 디자인 전략을 세우고, 목표 수치를 만들어 그에 따른 디자인 방향을 세운다. 말하자면 이렇게 비교할 수 있다. A라는 회사가 10억을 투자해 3달 동안의 리서치를 거쳐 3개의 키워드를 뽑아냈다고 치자. 하지만 유럽 디자이너들은 오전에 커피를 마시면서 이야기를 나누다가 똑같이 3개의 키워드를 도출해 낸다. 유럽의 디자이너들은 거꾸로 미국의 디자이너들에게 이렇게 묻는다. "그렇게 엄청난 비용을 들여 데이터를 만들어서 디자인한 것이 좋아 보이는가?"

이때 유럽의 디자이너들이 논리적인 데이터를 아예 무시한다는 이야기가 아니다. 그보다는 이들에게 데이터는 자료일 뿐, 중요한 것은 자신의 직관과 느낌으로 시장의 상황을 이해하고자 노력한다는 데 그 차이가 있다. 논리적이고 정확한 데이터에 미처 포함되지 않는, 예측 불가능한 변수들을 측정하는 데 에너지를 소모하기가 여의치 않기 때문이다.

디자이너 역시 고객의 요구나 원하는 바를 고객 관찰이나 다양한 조사를 통해 발굴한다. 이를 '인사이트(insight) 도출'이라고 한다. 하지만 고객들이 명확하게 설명하지 못하는 자신의 열망이나 포부 등은 인사이트 도출로 발견하기가 쉽지 않기 때문에 디자이너의 '촉'으로 미래를 예측하는 것이다. 이를 '포어사이트(foresight) 도출'이라고 한다. 디자이너는 이 인사이트와 포어사이트를 고루 활용하면서 때로는 논리적이지만 때로는 경험과 감각에 의지하는 실증적인 모습을 보인다.

미래를 예측한다고 해서 대단한 감각이나 선견지명을 요구하는 것은 아니다. 포어사이트는 앞으로 일어날 만한 일에 대해 생각해 보고 계획을 세운다는 점에서도 의미가 있기 때문에 기술이나 사회, 경제 등 각 분야에서 불확실한 미래를 대비하는 방법으로 제시되고 있다. 따라서 인사이트와 포어사이트의 균형은 디자이너뿐만 아니라 창조산업의 리더에게도 요구되는 덕목이다.

포커스 그룹 인터뷰의 허상

이제까지 많은 기업과 CEO들은 고객의 요구를 파악하기 위해 주로 통계에 의존해 왔다. 그 대표적인 예가 바로 포커스 그룹 인터뷰

포커스 그룹 인터뷰가 진행되는 공간

포커스 그룹 인터뷰는 사용자를 분석하는 방법론의 하나로 기업에서 어떤
제품이나 디자인을 출시하기 전에 이를 직접 사용할 소비자들을 그룹으로 선발해
이들과 체계적인 대화를 나누는 것을 말한다. 인터뷰의 결과로 나온 소비자의
응답과 제품을 실제로 구매하는 상황이 반드시 일치하는 것은 아니기 때문에
이를 전적으로 신뢰해 디자인을 판단, 결정하는 것은 결코 좋은 방법이 아니다.

(Focus Group Interview, FGI)다. 이는 사용자를 분석하는 방법론의 하나로 기업에서 어떤 제품이나 디자인을 출시하기 전에 이를 직접 사용할 소비자들을 그룹으로 선발하여 이들과 체계적인 대화를 나누는 것을 말한다. 소비자들은 이 포커스 그룹 인터뷰를 통해 자신들의 생각과 요구, 경험 등을 기업에 알린다. 그리고 이 인터뷰 내용을 종합적으로 데이터화하여 제품이나 서비스에 적용하는 것이다. 이 방법론은 거의 모든 기업에게 필수적인 절차로 인식되고 있다.

물론 기업에서 제품의 최종 선택자인 소비자가 제품 혹은 기업이 생산한 유형의 자산에 대해 의견을 내는 건 자연스러울 뿐만 아니라 기업의 방향을 설정하는 데 참고할 수 있기 때문에 중요한 일이다. 하지만 염두에 두어야 하는 건 소비자의 의견을 듣는 일은 다양한 마케팅 방법론 중 하나라는 것이지, 이를 전부로 받아들이고 맹신해서는 안 된다는 것이다. 모든 마케팅 툴이나 방법론은 완벽하기 위해 노력하지만 완벽하지 않다. 선거를 봐도 이를 알 수 있다. 그 어떤 마케팅 전략도 선거의 결과를 정확하게 맞출 수 없지 않는가. 그 이유는 선거든, 디자인이든 사람의 감정을 다루는 일이기 때문이다.

소비자들의 행동과 경험을 분석해 보면 대부분 포커스 그룹 인터뷰에서 선택한 것과 실제로 구매하는 것이 다르다고 밝혀졌다. 여기에는 정량화할 수 없는 많은 변수들이 존재하기 때문이다. 단순하게는 그 날의 기분이 좋은가, 나쁜가에 따라서 다르며, 자신의 지갑에서 만 원이 나갈 때와 만 원을 누군가에게 얻어서 구입한다고 가정할 때도 그 결과가 완전히 달라진다. 포커스 그룹 인터뷰에 참가한 소비자들은 제품 구매에 이르는 일정한 사고 체계를 바탕으로 선택한다기보다는 당시의 직관에 의해 분석하고 의견을 내놓는 유동적인 결정 패턴을 보여 주기 때문이다. 포커스 그룹 인터뷰의 결과와 실제 구매 상황의 차이를 무시한 채, 여기서 나온 결과와 숫자에 치중해 그들의 속마음을 알아내고자 하고, 이를 전적으로 신뢰해 디자인을 판단, 결정하는 건 오히려 위험한 일일 수도 있다.

또한 일반적으로 소비자들은 너무 혁신적이라서 낯설 수밖에 없는 것들에 대해서는 거부감을 가지기 마련이다. 디자인의 혁신성과 새로움에 따른 불편함이 생길수록 저항의 폭도 더욱 커지기 때문이다. 탠저린의 대표 프로젝트인 영국항공 비즈니스 클래스 디자인에서도 좌석을 서로 마주보도록 배치했을 때 비행하는 중 이동 반대 방향을 보게 된다는 측면 때문에 포커스 그룹 인터뷰에서 약간의 반대가 있었다. 그러나 디자이너들은 자신의 주장을 관철했고, 회사에서는 이를 수용했으며, 그로 인해 큰 성공을 거두었다. 탠저린의 이 사례는 소비자 행태 연구를 기업이 맹신해서는 안 된다는 메시지를 전할 때 자주 언급되곤 한다.

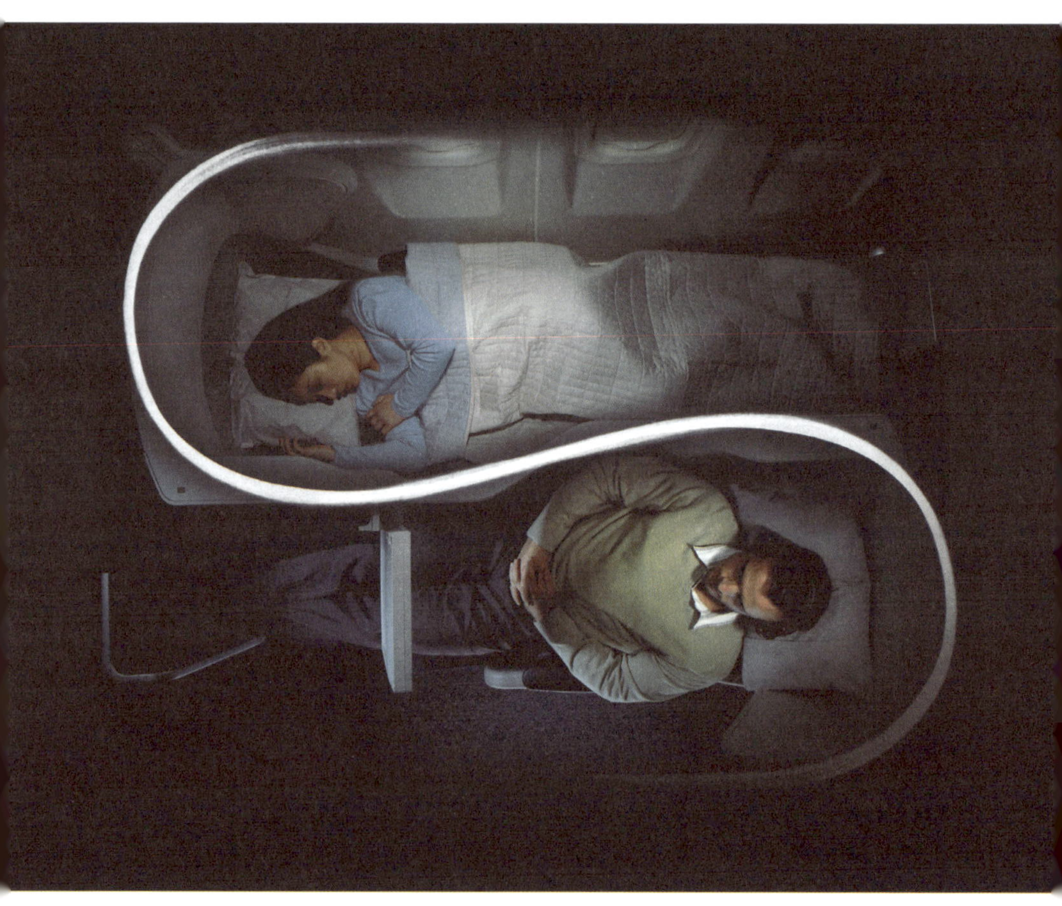

두 좌석을 S자 형태로 마주보게 배치한 이 디자인은 포커스 그룹 인터뷰에서
부정적인 의견도 있었다. 비행하는 방향의 반대쪽을 보게 된다는 것이 이유였다.
그러나 디자이너들은 이 디자인으로 얻을 수 있는 장점을 부각시켜 자신들의 주장을
관철했고, 이를 수용한 항공사는 큰 성공을 거두었다.

디자이너의 경험과 전문성을 인정하라

영국항공 프로젝트가 지금까지도 회자될 만큼 큰 성공을 거둘 수 있었던 데는 다양한 이유가 있겠지만, 가장 기본이 되는 것이 바로 디자이너들의 전문성을 인정하고 이들을 지지했다는 데 있다고 생각한다. 나는 성공적인 디자인 경영을 원하는 기업에게 먼저 숫자만을 강요하지 말고 포어사이트를 활용하는 디자이너들의 경험을 존중하라고 제안하고 싶다. 그래야 그들을 이해할 수 있고 디자인에 대한 비전을 공유할 수 있기 때문이다. 한 사람의 이야기를 절대적으로 믿는 것이 아니라 디자이너들의 다양한 의견에 두루 귀를 기울이고 판단하라는 것이다.

나는 요즘도 디자인에 대한 투자의 결과를 수치화해서 판단하고 싶다고 하소연하는 CEO들을 많이 만난다. 이런 문제는 이들만 궁금해 했던 것이 아니다. 디자인 경영의 중요성이 여러 사례를 통해 검증된 이래, 많은 국가와 많은 기업들이 이를 체계적으로 만들기 위해서 엄청난 노력을 해 왔다. 하지만 그럼에도 불구하고 아직까지 이를 데이터화하는 작업은 그 어디에서도 제대로 이루어지지 않고 있는 실정이다.

마찬가지로 CEO들의 경영 언어와 디자이너들의 디자인 언어 역시 그 접점을 찾기 위한 노력들이 진행되고 있다. 그 과정에서 CEO

들이 기억해야 하는 점은 전문성을 갖춘 디자이너의 의견은 무엇보다도 강력한 제품의 경쟁력이 될 수 있다는 것이다. '디자인 경영이 곧 디자이너 경영'이라는 건 요즘도 내가 현장에서 항상 뼈저리게 느끼는 교훈이다.

레드오션에서
창의력을 발휘하라

블루오션 vs 레드오션

나는 블루오션을 개척하겠다는 일념에 사활을 거는 기업의 CEO나 사업가들을 종종 만난다. 이들은 '특별한 제품'만 하나 만들면 그것이 곧 '블루오션'이 될 거라고 믿는다. 과연 그럴까?

블루오션은 프랑스 인시아드 경영대학원 석좌교수이자 유럽연합 자문위원인 김위찬 교수와 그의 동료인 르네 마보안(Renée Mauborgne) 교수가 함께 제창한 이후, 기업의 혁신 전략으로 큰 반향을 불러일으켰고 학생들을 대상으로 한 논술 주제로 제시될 만큼 일반화된 용어가 됐다. 블루오션은 경쟁자가 없는 새로운 시장을 의미한다. 산업혁명 이래로 끊임없이 경쟁을 거듭해 온 기업들은 누구와도 경쟁하지 않고도 높은 수익과 빠른 성장을 가능케 하는 독특한 시장인 블루오션을 개척하기를 원한다.

하지만 블루오션을 기업의 디자인 분야에 그대로 적용할 수 있을지에 대해서는 신중하게 살펴볼 필요가 있다. 블루오션은 경쟁자가 없어 여유로울지는 모르겠지만 생각보다 훨씬 깊고 광활하다. 새로운 제품을 하나 만든 후에도 그 제품을 구입할 수 있도록 소비자에게 알려야 한다. 게다가 그렇게 소비자가 제품과 만난다 하더라도 한번 보고 나서 반짝하고 마는 경우가 많다. 블루오션 전략으로 새롭게 개발한 제품들은 대부분 있어도 그만, 없어도 그만인 것들이 많기 때문이다. 블루오션 제품이 우리의 실생활에 자리를 잡아 성공하기까지는 선발 주자로서 무수한 시행착오를 거치고 엄청난 비용을 투자해야 하는 것이다.

열심히 연구하고 노력해서 제품의 생산부터 그 제품을 사용하는 고객들의 교육까지, 일련의 지난한 과정을 거치다 보면 대부분 작은 회사들은 힘이 빠지기 마련이다. 결국 많은 자본을 가지거나 규모가 큰 거대 기업이 작은 회사를 움켜쥐는 상황에 이르기도 한다. 애플이 그 대표적인 예다. MP3 기술도, 디스플레이 기술도 없던 애플은 소규모 벤처 회사로부터 특허를 사 모아 지금의 회사를 만들었다고 해도 과언이 아니다.

'레드오션'은 원래 시장에서 너무 심한 경쟁으로 승자는 없고 피만 흘린다는 의미로 '출혈 경쟁 시장'이라고 불린다. 그러나 조금만 다르게 생각하면 우리 생활에 꼭 있어야 하는 제품으로 경쟁하는, '없어지지 않는 시장'이기도 하다. 예컨대 청소기 회사는 전 세계 수백 개가 있다. 그런데도 이들 중에는 계속 성장하면서 이윤을 남기는 회사가 많다. 왜 그럴까? 이유는 간단하다. 현대인들은 대부분 청소를 하고 살기 때문이다. 레드오션 시장에도 길이 있는 것이다.

이처럼 레드오션 시장에서 특히 주목할 만한 분야로는 주방용품이나 가전제품 등 생활과 밀접한 제품을 들 수 있다. 시장에서 의식주에 관한 제품은 언제나 필요하다. 경영이 어려울수록 인간의 가장 기본적인 필요에 충실하면 좋은 성과를 거둘 수 있다.

레드오션에서도 '발상의 전환'이 필요하다

레드오션과 블루오션을 조합한 '퍼플오션'이라는 용어도 있다. 레드와 블루를 섞은 색이 퍼플이라는 데서 따온 이름인데, 기존 제품에 창의적인 아이디어를 더해 차별화를 주거나 각기 다른 제품의 장점들을 접목하고, 브랜드와 디자인 전략을 새롭게 한 제품들의 시장을 퍼플오션이라고 한다. 이는 결국 기존의 레드오션에서 '발상의 전환'을 활용해 새로운 시장을 만들어 가는 전략이라는 말이다.

해피콜의 프라이팬은 수많은 브랜드로 넘치던 국내 기존 프라이팬 시장에서 프랑스의 강력한 글로벌 브랜드인 테팔과의 경쟁에 맞서 우수한 제품력으로 우위를 점하고 있다. 국내 언론들은 부동의 프라이팬 세계 1위였던 테팔을 위협하는 경쟁자로 해피콜을 언급하고 있으며, 심지어 동남아를 비롯한 해외 일부 시장에서는 경쟁사를 누르고 동종 제품에서 1위를 달리고 있다.

해피콜이 불과 몇 년 사이에 글로벌 브랜드와의 경쟁에서 승리를 거둘 수 있었던 것은 우수한 품질과 성능, 사용성을 높인 디자인 덕분이다. 해피콜은 중국에서 OEM으로 제품을 생산하던 기존 브랜드와 달리 경남 김해에 위치한 공장에서 자체 생산하고 있다. 이 공장에는 무거운 무게로 단조(鍛造)하는 설비를 갖추고 있으며, 포셀라인이라는 코팅 처리법을 도입해 최상의 코팅력을 위해 단조 후 세척 공정을 거쳐 제품을 생산한다. 또한 선박 건조에 활용되던 아르마이드 공법과 세라믹 코팅 기술을 냄비에 적용해 높은 경도와 부식 방지라는 두 마리의 토끼를 잡았다. 해피콜의 디자인 개발을 맡았던 탠저린은 제품의 외관을 단지 근사하게 만드는 것보다는 본래 제품이 가진 이런 우수한 기능을 극대화할 수 있는 디자인을 목표로 했다.

해피콜의 성공 사례는 레드오션이 얼마나 간과해서는 안 될 시장인가를 증명한다. 그리고 레드오션에 접근하기 위해서는 블루오션만큼이나 레드오션에서도 '발상의 전환'이 필수라는 것을 의미하기

해피콜의 아르마이드 주물 냄비 세트
최근 소비자들이 주방용품을 선택할 때 고려하는 사항으로
기능성과 함께 디자인을 꼽는다. 해피콜의 디자인 개발을 맡았던
탠저린은 제품의 외관을 단지 근사하게 만드는 것보다는 본래 제품이
가진 우수한 기능을 극대화할 수 있는 디자인을 목표로 했다.

도 한다. 여기서 한 가지 명심해야 할 것이 있다. 레드오션에서는 경쟁 회사와 유사한 제품을 놓고 싸우기 때문에 가격 경쟁, 광고, 서비스 등의 판매 전략에 매달릴 수밖에 없는 시장임은 자명하다는 사실이다. 이때 디자인이 '발상의 전환'에 힘을 실어 주는 역할을 한다.

발상의 전환은 블루오션과 레드오션의 경계를 다르게 설정하기도 한다. 새로운 시장은 남들과 다르게 보는 데서 출발한다. 시장에 없는 것을 만들어 내는 것만이 능사가 아니다. 서로 이질적인 문화를 충돌시켜 나오는 에너지로 새로운 문화적 패러다임을 만들어 내듯이 전혀 연관 없는 제품을 서로 결합시켜 새로운 경험을 주는 제품을 만드는 것은 의미 있는 일이다. 2008년에 최초로 출시된 이후 주방 소형가전 시장에서 엄청난 인기를 얻은 휴롬 원액기도 기존의 믹서와 녹즙기의 기능을 결합하고 성능을 한 단계 더 끌어올려 새로운 사용 가치를 만들어 낸 좋은 사례다. 그 결과 휴롬은 단일 제품으로 누적 판매 1조 원에 가까운 매출을 내는 튼튼한 기업으로 성장했다.

디자이너라면 남들이 옳다고 믿는 방법이 정말 옳은가 항상 의심을 가져야 하는 이유가 여기에 있다. 디자인을 처음 적용할 때 자신이 시장을 이끌어 가는 선두 업체인지 따라가는 후발 업체인지, 스스로의 포지션에 대한 정확한 파악이 있어야 한다는 것이다. 1등 회사가 아닌 경우라면 같은 방법으로는 도저히 1등을 따라가지 못한

휴롬의 원액기

휴롬은 기존의 녹즙기와 믹서기 시장을 대체하며 시장의 판도를 바꾸어
놓았다. 소형 가전 시장은 날이 갈수록 레드오션화가 되고 있지만
이러한 원액기 제품은 레드오션에서 발상의 전환으로 새로운 시장을
개척한 대표적인 사례로 손꼽힌다. 그 결과 많은 경쟁사에서도 유사한
기능의 제품을 개발하는 데 힘쓰고 있다.

다. 다른 방법을 택해야 한다. 해피콜과 휴롬이 성공한 이유는 기술적인 혁신과 이 기술적 혁신을 돋보이게 하는 디자인 때문이기도 하지만, 일차적으로는 블루오션과 레드오션을 판단하는 색다른 발상이 있었기 때문이다.

창조경제와 레드오션

우리는 세상에 없는 제품만이 혁신이라는 생각에서 조금 더 사고의 폭을 넓힐 필요가 있다. 물론 세상에 없는 새로운 제품을 만드는 건 두말할 나위 없이 혁신이다. 그러나 그런 상품을 시장에서 성공시키는 것은 개발과는 또 다른 능력을 필요로 한다.

2013년 새로운 정부가 들어서면서 주목 받고 있는 '창조경제'의 모태가 되는 영국의 '창조산업(Creative Industry)'에서 그 답을 얻을 수 있다. 영국은 1998년 '창조산업'이라는 신조어를 세계 경제사에 등장시켰다. 올해 초에 한국을 방문한 영국의 에드 베이지(Ed Vaizey) 문화커뮤니케이션창조산업부 장관의 정의에 의하면, 창조산업은 분절된 다른 산업을 하나로 모아 새로운 기회를 만든다는 것이다. 예를 들면 예술과 디자인 공학, 그리고 금융 산업이 모여 머리를 맞대고 서로의 장점을 교류하며 조금 더 개선된 각 산업의 경쟁력을 만든다는 이야기다.

　이런 과정을 통해 세상에 없던 새로운 것을 만들 수도 있다. 하지만 지금의 시장에서 더 개선된 아이디어로 기존 시장을 변모시켜 나갈 때에도 창조경제가 탄생한다. 보통 창조경제가 곧 블루오션이라 생각하고, 레드오션과는 거리가 먼 관계라고 본다. 혹자는 창조경제를 통해서만이 레드오션에서 벗어나 블루오션으로 넘어갈 수 있다고 주장하기도 한다. 창조경제에서 창의성과 융·복합이 핵심이듯이, 레드오션에서도 이를 강조한다면 레드오션이 그저 사양 산업으로 전락하지는 않을 것이다. 이때 발상의 전환과 새로운 디자인을 적절히 활용한다면 레드오션에서의 혁신을 견인하는 데 큰 역할을 하게 될 것이다.

디자인 혁신은 전사적 의식 개혁과 함께 이루어져야 한다

디자인 조직 구성은 디자인 경영의 기본

얼마 전 런던에서 파리로 이동할 때 유로스타(Eurostar)를 이용한 적이 있다. 유로스타는 섬나라인 영국을 유럽 대륙과 연결하는 획기적인 아이템이다. 워털루 역에서 세인트 판크라스 역으로 출발지를 옮긴 후에는 유로스타를 이용해 런던과 파리를 3시간 만에 이동하는 것이 가능해졌다. 그러나 이 기차를 타고 파리로 가다 보면 영국에서의 기차 속력과 프랑스에서의 기차 속력이 차이가 난다는 것을 알 수 있을 것이다. 여기에는 그럴만한 이유가 있다.

예로부터 철도 강국이었던 영국은 일찍이 모든 철도의 노선을 민영화했다. 민영화 후 철도 회사의 운영 담당자들은 단기간에 평가받는 영업 이익을 신경 쓰지 않을 수 없었다. 이로 인해 영국의 철도 서비스가 발전하고 고객의 만족도 어느 정도 얻었으나, 근본적인 부분에서 문제가 생겼다. 바로 철도 노선의 노후화에 대한 장기적 대책을 마련하지 않았던 것이다. 민영 철도 회사들은 수년 혹은 수십 년 후에 얻을 수 있는 수익 창출을 위해 인프라의 투자를 소홀히 했고, 이제 이것이 문제가 되어 수면 위로 떠올랐다.

디자인 인프라에 대한 투자도 이와 비슷하다. 눈에 보이는 단기적 성과도 중요하지만 눈에 보이지 않고 시간도 많이 걸리지만 변화와 혁신을 가져올 디자인에 투자하는 것도 중요하다. 앞서 "디자인 경영은 곧 디자이너 경영"이라고 했듯이, 디자인 경영을 하기 위해서는 디자인 조직을 제대로 만드는 것이 기본이다. 그러나 한 회사 내에서도 디자인 조직은 매출 기여를 수치상으로 측정하기 어렵다는 이유로 기업 경영의 우선순위에서 밀려나기 마련이다. 눈에 보이지 않더라도 기업 운영의 중요한 요소로 인정하고 장기적인 마스터플랜으로 꾸준히 디자인 혁신을 추진하는 것은 CEO의 몫이다.

전사적 의식 개혁의 필요성

디자인 경영으로 혁신하기 위해서는 전사적 의식 개혁이 함께 이루어져야 한다. CEO가 디자인의 중요성을 자각한 후 이를 아무리 부르짖는다 해도 전사적인 의식 개혁이 뒷받침되지 않으면 디자인 경영은 무용지물이 된다. 디자인 조직을 만들고, 디자인 전문가를 영입했다고 해서 능사가 아니다. 기업 내부에 디자인 조직을 두고 프로젝트를 수행했을 때 애초의 기대만큼 성과를 내지 못하는 경우도 많기 때문이다. 디자인 경영은 수치화해서 증명할 수 있는 문제가 아니라서 이에 저항하는 세력은 언제나 존재한다. 모든 개혁의 가장 큰 적은 경쟁사가 아니라 바로 내 옆에 있는 동료일 수도 있는 것이다. CEO가 직접 디자인 조직이 잘 돌아가고 있는지, 혹시나 다른 조직의 외압에 위축되지 않는지 끊임없이 관심을 기울여야 하는 것도 그런 이유 때문이다.

나는 많은 회사들과 함께 일해 오면서 겉으로는 튼튼해 보이지만 속은 곪은 조직이 많다는 점에 놀랐다. 변해야 한다는 의식을 가장 우선시함에도 불구하고, 여전히 디자인 경영을 성가신 숙제 정도로 생각하는 경우가 비일비재하다. 그런 이들과 디자인 경영의 필요성을 공유하는 것은 무엇보다 중요하다. 디자인 경영은 기존에 지출하던 비용을 새로운 시각과 장기적 사업 전략의 관점에서 접근해 투자하는 것이며, 이를 통해 시행착오를 줄이고 비용과 시간을 절약할 수 있다는 점을 충분히 이해시킨 후 전사적으로 노력해야만 디자인 혁신이 가능하다.

이런 전사적 의식 개혁에 성공해 디자인 혁신을 이룬 가장 좋은 예가 바로 기아자동차다. 고전을 면치 못하던 기아자동차는 세계 3대 자동차 디자이너 중 한 명인 피터 슈라이어(Peter Schreyer)를 영입한 후 새로운 부흥기를 맞았다. 그러나 이러한 성공을 온전히 피터 슈라이어의 능력 때문으로만 볼 수는 없다. 그 누구라도 하루아침에 사내 디자이너들의 능력을 일취월장하도록 만드는 것은 불가능한 일이기 때문이다. 이는 오히려 피터 슈라이어를 둘러싼 회사와 CEO의 능력으로 볼 수 있다. 피터 슈라이어라는 지원군을 영입한 당시 정의선 현대차그룹 부회장의 결단력과 그의 영향력을 적극 지원함으로써 회사의 모든 역량을 디자인에 집중하고 전사적 의식 개혁으로 연결시킨 것이 강력한 부활의 단서가 되었다고 본다.

당시 기아자동차는 제품 디자인에만 치중하는 디자인 경영이 아니라 창의적 사고를 중심으로 기업 문화 자체를 바꾸는 디자인 경영을 추진했다. 브랜드 경영 팀을 신설하고 프랑크푸르트에 유럽 디자인 센터, 미국 캘리포니아 어바인에 미국 디자인 센터를 설립하여 글로벌 네트워크를 구축한 것을 시작으로, 피터 슈라이어를 디자인 총괄 책임자(Chief Design Officer, CDO)로 영입, 국내외 모든 연구소의 디자인에 관한 전권을 부여한 것이다. 디자인을 핵심 역량으로 선언한 후 기아의 정체성을 확립하고, 기아의 브랜드 아이덴티티가 반영된 신차를 출시하는 일련의 과정은 전사적으로 디자인을 얼마나 강

기아자동차의 패밀리 룩 디자인

피터 슈라이어가 기아자동차로 자리를 옮긴 후 기아자동차에는 '슈라이어
라인'이라는 기아만의 패밀리 룩이 정립되어 갔다. 이러한 패밀리 룩으로 기아의
정체성을 확립하고 브랜드 아이덴티티가 반영된 신차를 출시하는 일련의 과정을
통해 전사적으로 디자인을 얼마나 강조했는지를 충분히 알 수 있다.

조했는지를 보여 주기에 충분했다. 전사적 의식 개혁은 디자인 경영의 효과를 극대화하기도 하고 이로써 기업의 미래를 바꾸어 놓기도 한다. 따라서 전사적 의식 개혁은 결코 간단한 일이 아니다. 각 부서의 구성원들은 기존에 해 오던 일의 방식과 시각 자체를 바꾸어야 하기 때문이다.

전사적 의식 개혁의 난제, 어떻게 해결할 것인가

전사적 의식 개혁에서는 조직 구성원들 간의 상호 협조와 소통이 필수적이다. 회사 내에서 디자인 조직과 같이 창의적 역할을 담당하는 조직이 있는가 하면, 실행적·전문적 역할을 담당하는 조직도 있다. 과거에는 "한 우물만 파라."는 식으로 전문성을 중시하면서 분업화로 효율을 추구했지만, 이제는 서로 다른 역할을 하는 조직들이 얼마나 밀접하게 유기적으로 돌아가는가가 중요해졌다.

몇 년 전부터 한국에서는 '통섭'과 함께 '융합'이라는 키워드가 열풍이다. 학계에서는 융합의 원리를 적용한 연구를 활발하게 논의 중이며, 융합 방식에 따라 연구 유형을 학제간(學制間, interdisciplinary) 연구, 다학제(多學制, multidisciplinary) 연구, 초학제(超學制, transdisciplinary) 연구로 나누기도 한다. 여기서 공통으로 나오는 '학제(學制, discipline)'라는 말은 어떤 전문 분야나 지식 체계를 의미하는데, '학제간 연구'는 둘 이상의 학문 분야의 연구자들이 공동으로 연구하는 것, '다학제 연구'는 여러 학문 분야에 걸쳐 종합적으로 연구하는 것, '초학제 연구'는 학문간의 경계를 아예 없애는 것을 말한다. 이 융합의 접근 방식은 학계뿐만 아니라 기업에서도 점차 적용하려는 추세다. 나는 전사적 의식 개혁의 어려움은 이 학제간 연구의 바탕이 되는 융합적 태도로 극복할 수 있다고 본다. 왜냐하면 융합적 태도는 소통 의지, 유연함, 다양한 분야에 대한 호기심 등을 필요로 하며, 이는 각기 다른 부서들의 업무와 영역을 확장하고 서로 교류하는 데에도 도움을 주기 때문이다.

같은 맥락으로 요즘 디자인계에서 화두가 되고 있는 디자인 융합과 디자인 통합 역시 CEO와 디자이너들이 공히 기억해야 하는 패러다임이다. 아이디어도, 고객의 경험도 이제는 디자이너가 책상 앞에서 상상할 수 있는 범위를 넘어섰다. 학계와 재계에서도 산업혁명과 같은 획기적인 패러다임은 우리가 죽을 때까지 다시 오지 않을지도 모른다고 예측한다. 이런 상황에서 새로운 것을 만들어 낸다는 것은 세상에 없던 것을 만들어 내는 것이 아니라 기존에 존재했던 이질적이거나 유사한 것들을 유연하게 넘나들고 충돌, 융합시켜 '제3의 가치'와 '제3의 경험'을 찾아가는 것이다.

최근 활발하게 진행되고 있는 패션 디자인과 예술, 제품 디자인과 예술 등의 협업이 그 대표적인 예다. 이들이 그저 보기 좋은 것을 서로 융합한 건 아니다. 마찬가지로 디자인 경영 역시 보기 좋은 제품을 만들기 위한 것이 아니다. 기호학, 인문학, 사회학, 미학, 소비자 심리학 등을 디자인 관점에서 융합해 기업의 핵심 가치를 지속적으로 전달해야 한다. 그리고 새로운 가치와 경험이 고객들에게 친근하게 다가갈 수 있도록 하는 것이 디자이너의 역할이다. 따라서 성공적인 디자인 융합은 서로 다른 일을 하는 부서 간의 소통이 왜 필요한지 증명하는 좋은 본보기가 될 것이다.

토털 디자인, 디자인 통합의 방법론

디자인 통합 역시 디자인 경영이라는 목표를 향해 의식을 개혁할 수 있는 방법이다. 디자인 통합은 프로젝트의 과정에서 산재된 다양한 요소를 모아 하나의 목소리를 내도록 하는 작업이다. 각 작업의 속성이 유지되면서도 같은 비전을 바탕으로 하나의 모습처럼 보이도록 하는 것이다. 예를 들어 예전에는 한 기업의 제품 디자인, UX 디자인, 아이덴티티 디자인, 서비스 디자인, 마케팅 전략 등을 각기 다른 회사가 맡아서 했다면, 요즘은 한 회사가 이를 통합해서 맡는 경우가 많다.

KT&G의 통합적 디자인 전략

2009년 탠저린에서 컨설팅한 KT&G '상상' 브랜드의 디자인 콘셉트. KT&G를 대표하는
심벌과 이를 활용한 배너, 제품 판매 시스템 등을 통합적으로 디자인했다. KT&G는
지속적으로 현대적인 기업의 젊고 신선한 이미지를 심어 주기 위해 노력했고, 전체
브랜드 안에서도 이 아이덴티티가 유기적으로 연계되기를 요구했다.

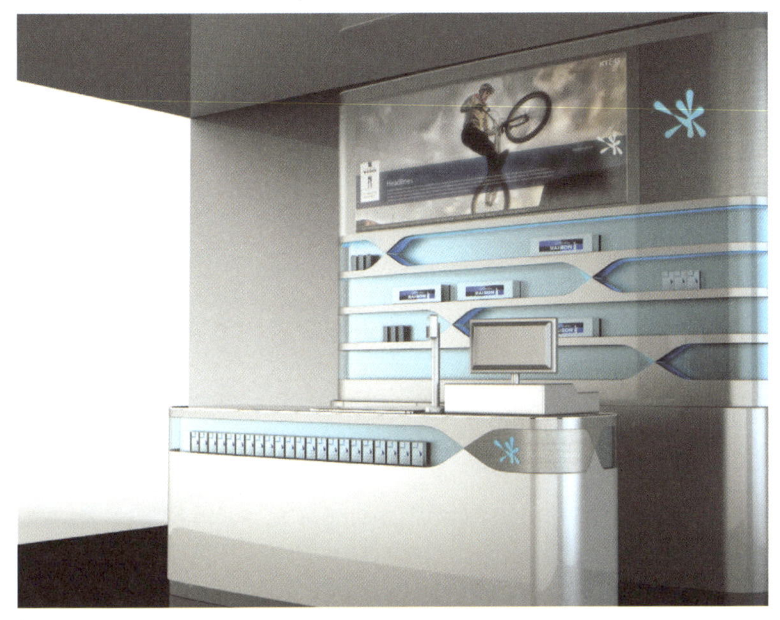

내가 몇 년 동안 삼성물산의 건설 부문 주택사업부 디자인 고문으로 활동하면서 해 온 일도 일종의 디자인 통합 과정이었다. 건축, 조경, 인테리어, 브랜드 등을 아파트 단지 안에서 같은 목소리를 내도록 하는, 이른바 '토털 디자인'이라고도 하는 이런 작업을 통해 기존의 건설 현장에서 발생한 서로 다른 디자인 요소 간의 상충과 부조화를 하나의 브랜드 콘셉트로 정리하는 것이다. 과거에는 많은 돈을 들여 지은 건물도 상호 연관성이 미약해 소비자들이 금방 싫증을 느끼곤 했다. 이런 문제점을 고객의 관심과 사랑을 계속 불러일으킬 수 있도록 브랜드 아이덴티티 차원에서 관리하는 작업도 일종의 디자인 경영이다.

탠저린은 파라다이스 그룹과 함께 영종도 복합 도시 콘셉트 디자인에 참여한 적이 있다. 영종도 파라다이스 프로젝트라는 이름의 이 사업은 영종도에 호텔, 쇼핑, 테마파크 등 대규모 건물을 짓는 사업이었다. 건축 사무소도 아닌 탠저린이 어떻게 이런 작업을 할 수 있었을까. 토털 디자인이 불필요한 지출을 줄이고 고객 만족을 극대화함으로써 경영 효율화를 가능하게 한다는 사실이 오래 전부터 증명되어 왔고, 이제는 이런 작업을 자연스럽게 받아들이게 됐기 때문일 것이다.

이제는 회사 내에서도 이런 움직임을 주시하고 따라야 한다. 융합이나 통섭이 더 이상 학자들만의 이야기가 아니듯, 디자인 융합이나 통합의 원리 역시 결코 디자이너들만의 이야기가 아니다. 회사 내 디자인 조직의 디자이너들, 디자인과 관련 있는 기술자나 마케터들, 그리고 디자인과 직접적인 연관이 없는 부서에서도 충분히 활용할 수 있다. 예컨대 디자인 팀과 기술 팀, 마케팅 팀이 다 함께 방법을 고민한다면 디자인 팀 혼자 고민할 때보다 비용을 훨씬 줄이면서도 큰 혁신을 만들어 낼 수 있다는 건 당연하다. 이렇듯 디자인 혁신의 의지를 전 부서와 공유할 수 있는 시스템을 만드는 것은 CEO가 가장 장기적인 안목으로 투자해야 하는 일이다.

디자인은
일관성과 연속성이 필요하다

세계 최초 MP3 플레이어의 몰락

나는 평소 입버릇처럼 중소기업이 살아야 나라의 경제가 살아난다고 주장해 왔다. 그런 내가 잊을 수 없는 회사가 있는데, 바로 새한정보시스템이라는 회사다. 이 회사는 1997년 디지털캐스트와 전략적으로 제휴하여 MP3 플레이어를 처음으로 상용화했다. MP맨(MPMan)이라는 이름으로 최초 출시된 이 MP3 플레이어는 1998년 3월 독일에서 열린 세빗(CeBit) 박람회에서 멀티미디어 부문 베스트 상품으로 선정되기도 했다.

지금은 MP3 플레이어 하면 아이팟을 떠올리고 새한정보시스템이나 디지털캐스트를 기억하는 사람이 드물지만, 당시만 하더라도 국내 한 벤처기업의 기술을 발굴하여 세계 최초로 MP3 기술을 상용화해 크게 화제가 되었다.

런던에서 시판되는 MP3 플레이어 제품인 MP맨을 눈여겨보던 나는 그 제품이 한국 회사인 새한정보시스템에서 OEM으로 납품하는 제품이라는 걸 알고는 곧바로 한국으로 와 담당자들을 만났다. 그때 나는 이 제품의 무궁한 시장성을 보고 다른 브랜드의 제품으로 납품만 할 것이 아니라 직접 디자인 경영을 구축하여 다가올 경쟁 시대에 대비하자고 설득했다. 새한에서 기술을 선점했으니 디자인을 보강해 세계 시장에 내놓자고 말이다. 당시 이들은 자사의 브랜드로 제품을 출시하던 중이긴 했지만, 아직 디자인을 경영의 차원에서 활용하지는 못하는 상황이었다.

그러나 불행히도 설득은 실패했다. 당시 나의 경험이 부족했던 탓도 있었지만, 이들의 태도도 무척 완고해 설득하기가 어려웠다. 거래처들이 던져 주는 디자인의 제품을 생산하는 것만 해도 매우 바빠 디자인 경영을 통한 자사 독립 브랜드 강화에 관심을 가질 만한 여유가 없는 데다 이렇게만 해도 충분히 이윤이 나온다는 논리였다. 좀 더 작고 멋지게 만들자는 회사 내부의 의견도 일부 있었지만 당시만 해도 전자제품의 경쟁력은 디자인이 아니라 기술이라는 주장이 대세였다. 이는 결과적으로 몇 년 후 MP3 플레이어 시장의 유행을 직감해 아이팟으로 선풍적인 인기를 얻은 애플에게는 엄청난 호

세계 최초로 상용화된 MP3 플레이어 MP-F10 모델

1997년 새한정보시스템과 디지털캐스트의 전략적 제휴로 탄생한 세계 최초의
MP3 플레이어 MP맨은 출시 당시 세계의 이목을 집중시켰지만 경영 악화로
시장에서 실패하고 말았다. 한국이 MP3 플레이어의 종주국임에도 불구하고
시장의 주도권을 장악할 기회를 놓쳤다는 것은 안타까운 사실이다.

재로 작용했을지는 몰라도, 그 시장의 패스파인더로서 힘든 시기를 보내고 세상에 없던 혁신적인 제품을 출시한 새한정보시스템에게는 결국 세상에서 잊혀 버리게 만드는 안타까운 결정이 됐다.

중소기업의 생존 전략

영국 디자인 카운슬 조사에 따르면 영국 기업 CEO의 66.8퍼센트가 잘못된 디자인으로 손실을 본 경험이 있다고 답했다. 디자인을 중요시하지 않는다고 말한 회사의 45퍼센트는 가격 경쟁의 소용돌이에 빠져 있다. 물론 디자인 경영을 진행하는 회사에게도 가격 경쟁은 어려운 문제이지만, 그 중 21퍼센트 정도의 회사만이 가격 경쟁에 몰입하고 있다는 결과가 나왔다. 이 조사의 결과는 디자인 경영이 기업의 생존 전략으로도 대단히 중요한 역할을 한다는 것을 의미한다. 이 결과를 그때 새한정보시스템이 알았더라면 그들의 선택이 달라졌을까? 지금 생각해도 안타깝다.

　문제는 아직도 한국의 많은 중소기업들이 이런 사실을 인지하지 못하고 있다는 점이다. 이들은 여전히 대기업을 상대하기 위해 가격 경쟁에 매달리거나, 혹은 더 저렴한 가격으로 대기업에 납품할 방법을 모색하는 데 에너지를 쏟아 붓고 있는 실정이다. 중소기업이 그 자체로 하나의 견고한 기업으로 존재하지 못하고 대기업에 의존하는 상황이다 보니, 그들 자신의 브랜드에 대한 시각은 물론 브랜드를 키우고자 하는 노력조차 하지 못하는 것이다. MP3 플레이어가 이제는 지극히 일상적인 제품이 될 정도로 많은 시간이 흘렀음에도 불구하고 새한정보시스템의 실수를 답습하는 기업이 많다는 건 실로 안타까운 일이다.

그런가 하면 중소기업이 내놓은 제품이 시장에서 엄청난 반향을 일으키며 수백억 원에 달하는 이윤을 남기는 경우도 있다. 그러나 이런 기업들 중에는 4~5년 후 시장에서 사라져 버리는 기업도 많다. 왜 한 제품의 큰 성공이 기업의 지속적인 미래를 보장하지 못할까? 여기엔 디자인 철학, 그리고 이 철학을 바탕으로 한 전략이 부족하다는 점이 한몫을 한다. 철학과 전략 없이는 일관성과 지속성을 담보하지 못한다. 밀리언셀러 제품들을 내놓으며 시장에서 성공한 기업들은 대부분 디자인 철학과 전략을 수립하고 있다.

브랜드의 경쟁력은 일관성이 결정한다

어떤 기업이 강하다는 건 그 기업의 브랜드가 확고하다는 것과 일맥상통한다. 또한 브랜드를 확고히 하기 위해서는 그 기업을 소비자들에게 각인시키고 시장을 계속 사로잡을 수 있는 제품을 내놓아야 한다. 그러나 계속 새로운 무언가를 찾아내기는 힘들다. 바로 이 때문에 디자인 철학이 필요하다. 기업과 디자이너가 공유하는 핵심 가치(core value)를 가진 디자인 철학은 어떤 상황에서도 길을 잃거나 중심을 잃지 않게 해 주는 가장 중요한 축 역할을 한다. 그리고 디자인 철학을 바탕으로 한 전략은 시대적 환경과 소비자들의 요구 변화에 맞춰 기업이 나아갈 방향을 제시해 줄 것이다. 그런 점에서 디자인 철학과 디자인 전략은 프로모션 전략이나 이벤트가 아니다. 말하자면 이는 기업의 디자인이 고객과 소통하기 위해 만든 일종의 약속인 동시에 기업 스스로 일관성과 지속성을 갖추기 위해 지켜야 할 약속이기도 하다.

디자인 철학과 디자인 전략이라는 큰 그림을 그린 후에는 이를 실행할 수 있는 세부적인 단계가 필요하다. 디자인 가이드라인과 매뉴얼 확립, 그리고 평가 지표의 구축 등이 그 방법이다. 아무리 훌륭한 디자인 철학이나 전략이라도 결국 구성원들이 실행해 가지 않으면 무용지물이 된다. 그러나 이를 구현하는 과정에서 구성원이 교체되거나 변동되기도 하는데, 이때 일관성을 갖기 위해서 필요한 것이 바로 디자인 가이드라인이다. 직접 업무를 담당하는 부서나 이를 지원하는 유관 부서, 협력 업체들은 모두 동일한 비전을 가질 필요가 있다. 디자인 전략을 일일이 인지시키는 데는 시간이 소요되기도 하지만, 디자인 가이드라인이 있으면 이미 구축된 디자인 철학에 무엇이 적합하고 무엇이 적합하지 않은가를 판단하는 데 참고할 만한 기준이 된다.

이렇게 디자인 가이드라인을 가지고 업무에 적용했을 경우에도 이것이 제대로 실행되고 있는지 확인할 필요가 있다. 가이드라인을 바탕으로 실행된 디자인에 대해 고객들의 피드백을 듣고, 실행 과정에서의 시스템적인 오류를 찾아 개선하기 위한 평가 지표를 각 기업의 상황에 맞게 만들어야 하는 이유도 바로 이 때문이다. 이런 필요로 만들어지는 평가 지표는 향후 좀 더 개선된 디자인 가이드라인을 세우는 데 적용되고, 기업의 디자인 철학을 정착시키는 데 큰 역할을 한다.

이런 체계화된 프로세스가 반드시 필요한 건 디자인의 속성 때문이기도 하다. 디자인은 일상과 감성에 호소하는 분야이기 때문에 개인의 경험이나 가치에 대한 이해 등에 많이 좌우된다. 그 날의 기분, 경험, 날씨 등은 디자인을 결정할 때 편견으로 작용할 수 있다. 철학이나 전략이라는 큰 틀 없이는 그때그때 다른 디자인이 적용되기도 하고 이전의 원칙과 혼돈되기도 한다. 공기업이나 공공기관의 임명직 대표가 어떤 디자인 콘셉트에 대해 내렸던 판단을 그 후의 의사결정자가 번복하거나 혹은 그 반대로 가는 경우를 나는 수도 없이 봐 왔다.

한국의 많은 기업들이 직면한 어려움 중 하나는 종종 중요한 의사 결정이 시스템에 의해서가 아니라 최고 결정권자의 개인적인 판단이나 상황에 따라 이루어진다는 것이다. 이 이야기는 곧 최고 의사 결정자가 바뀌었을 때 역시 기존의 의사 결정이 번복될 수 있다는 것과 같다. 이러한 문제는 업무를 담당하는 이들에게도 실로 곤란한 일이 된다. 기존의 프로세스가 보완되고 나아지는 것이 아니라 기조부터 바뀌어 버리는 일이 왕왕 일어나기 때문이다. 이런 판단은 브랜드의 일관성을 무너뜨리고 고객에게 일관된 브랜드의 가치를 심어 주지 못하는 결과를 낳는다. 이는 결국 기업을 위기로 몰아넣을 만큼 중대한 문제가 된다. 이런 시행착오를 줄이기 위해 철학과 전략, 그리고 구체적인 가이드라인은 꼭 필요하다.

벨킨의 디자인 경영

중소기업임에도 불구하고 디자인 철학과 전략, 전술을 체계적으로 구축해 세계 1위가 된 회사가 있다. 바로 가전기기 솔루션 분야의 선두주자 벨킨(Belkin)이다. 1983년 캘리포니아의 개인 차고에서 직원 2명으로 시작한 벨킨은 현재 1천여 명의 직원과 연 매출액 10억 달러를 기록하는 세계적인 기업이 됐다. 이들의 가장 큰 성공 요인은 사람들의 라이프스타일을 반영한 기술과 디자인 경영으로 오랫동안 글로벌 마켓에서 브랜드 가치를 구축했다는 데 있다.

벨킨의 디자인 경영에서 가장 중요한 핵심은 수많은 경쟁 제품들 가운데서도 고객이 벨킨의 제품을 즉각적으로 인지하고 구매로 이어질 수 있도록 하기 위해 소위 '패밀리 룩(family look)'으로 정의되는 조형성의 통일을 이뤘다는 점이다. 조형성의 구축을 위해 '통일된 소재'를 사용했으며, 고객에게 친숙하게 다가갈 수 있도록 비주얼 아이덴티티(visual identity)와 제품 아이덴티티(product identity)를 잘 조화시켰다. 이로써 시장에 새로운 제품을 출시할 때마다 늘 새로운 디자인을 찾아 헤매는 것이 아니라 일관성을 가진 디자인을 지속적으로 출시하며 제품 개발 기간을 혁신적으로 단축시켰다. 또한 경쟁 제품 가운데에서 고객이 지속적으로 신뢰를 가지고 벨킨의 제품을 인지하고 구매할 수 있도록 했다는 점도 눈여겨볼 만하다. 왜냐하면 이런 장점들은 나아가 기업과 제품의 인지도 향상에 따른 경쟁 우위를 확보할 수 있게 해 주기 때문이다.

이런저런 자리에서 만나는 중소기업의 CEO와 디자이너들은 내게 디자인 철학이나 전략, 전술을 만들고 싶어도 그 방법을 모르겠다고 어려움을 토로하기도 한다. 사실 대단한 프로세스가 존재하는 것은 아니다. 대기업들 역시 브레인스토밍하고, 고객을 인터뷰하고, 결과를 분석하고 예측하며, 영감을 주는 것들을 모아 이를 분류하고 종합하는 등 비교적 공통적인 과정을 따른다. 그러나 문제는 이런 방법에 있는 것이 아니다. 스스로 얼마나 현재를 직시하고, 얼마나 확고하고 절실하게 미래의 비전을 가지고 있는지가 문제다. 그런 면에서 디자인 철학은 회사의 생존 철학이 될 수 있다. 그리고 일관적이고도 연속적인 디자인은 하나의 확고한 브랜드로 시장에서 살아남는 데 도움이 되는 가장 강력한 무기가 될 것이다.

디자이너에게
권한을 주어라

디자인을 대하는 CEO의 자세

나와 함께 탠저린을 이끌고 있는 공동 대표 마틴 다비셔(Martin Darbyshire)가 탠저린과 디자인 제휴를 맺은 국내 어느 회사의 신제품 발표회에 초청을 받아 한국에 온 적이 있다. 당시 한창 애플과 삼성이 특허 분쟁으로 소송 중인 상황이었기 때문에 기자회견장에서 그는 이에 대해 의견을 묻는 민감한 질문들을 받을 수밖에 없었다. 마틴은 한국을 방문하기 전까지 애플과 삼성의 소송건에 대해서는 잘 모르고 있었는데, 우리나라 기자들은 다른 나라의 디자이너가 이를 어떻게 바라보는지를 궁금해 했다. 아마도 제3자의 입장에서 어떻게 판단하는지 궁금했던 것이리라. 그는 어느 쪽의 손을 들어 주는 대신 객관적으로 대답했다. "디자인은 기술, 특허 등이 총합적으로 얽혀 있는 분야입니다. 디자인은 비즈니스를 돋보이게 하고 차별화하기 위해 존재하지요. 이런 문제가 발생했을 땐 경영진이 나서서 디자인을 보호하고 해결해야 한다고 생각합니다."

나는 마틴의 의견을 듣고 디자인에 대한 기업 경영진 또는 CEO의 역할을 다시 한 번 생각해 보게 됐다. "경영진이 나서서 디자인을 보호하고 해결해야 한다."는 것은 곧 CEO가 디자인 조직이 제대로 돌아갈 수 있도록 직접 챙기라는 말이다. 이는 디자인 리더십에 관한 문제다.

CEO가 디자인을 직접 챙겨야 한다는 것은 CEO가 디자인에 지나치게 간섭하라는 이야기가 아니다. 앞에서 잠깐 설명했다시피 디자인 조직이 원래의 목적대로, 외압 없이 제대로 굴러가고 있는지 끊임없이 살펴야 한다는 이야기였다. 나는 이것이 가능하기 위해서는 무엇보다도 '디자이너 리더십'이 견고하게 구축되어 있어야 한다고 생각한다. 이는 단순히 디자이너의 자존심을 위해서가 아니라 디자인의 결과를 위해서다.

물론 아무리 한국에서의 디자이너에 대한 인식이 좋아졌다고 해도 여전히 디자인의 최종 단계에 지나치게 관여하는 CEO가 많은 것도 사실이다. 굳이 따지자면 이를 디자인 리더십이라고 표현할 수도 있겠다. 하지만 나는 각종 포럼이나 세미나 자리를 통해 이는 바람직하지 않다고 주장해 왔다. CEO의 디자인 리더십이 아니라 디자이너가 리더십을 발휘하여 성공을 거둔 몇몇 기업들의 예가 나의 주장을 뒷받침해 준다.

성공한 디자이너의 리더십

탠저린 출신이자 세계적으로 유명한 디자이너 조너선 아이브 (Jonathan Ive)는 애플에서 수석 부사장이라는 지위로 일하고 있다. 그는 탠저린에서 애플의 초기 랩톱 컴퓨터 디자인 작업을 진행한 것이 인연이 되어 애플에 입사했고, 그로부터 4년 후 아이맥을 시작으로 아이팟, 아이폰 등 혁신적인 제품들을 디자인하며 승승장구했다. 투명해서 속이 들여다보이는 컴퓨터라는, 당시로는 혁신적일 수밖에 없었던 자신의 아이디어를 아이맥이라는 실제 제품으로 구현해 낸 건 그의 가장 큰 업적 중 하나다. 그런데 만약 그가 부사장이 아니라, 예를 들어 부장급의 지위였다면 어땠을까. 아마도 그 아이디어를 실현시키는 데 드는 비용 문제, 기술 문제, 혁신을 감수해야 하는 마케팅 문제, 그리고 전사적으로 설득해야 하는 부담감으로 인해 그의 아이디어는 사장됐을지도 모른다. 그러나 '디자이너'로서의 정치적 영향력을 적절히 발휘할 수 있었던 그는 자신의 아이디어를 꼭 구현해야 하는 프로젝트로 인식시켰고, 결과적으로 이는 애플에 막대한 이익을 안겨 주었다.

이러한 디자이너의 리더십은 조너선 아이브의 롤 모델이자 '좋은 디자인의 10가지 원칙(10 Principles for Good Design)'으로 유명한 독일 디자이너 디터 람스(Dieter Rams)가 무려 수십 년 전에 이미 증명해 보인 것이기도 하다. 1950년대부터 40년간 브라운(Braun) 사에서 디자이너로 근무한 그는 당시 진보적인 디자인을 선보이며 브라운의 전성기를 이끌었다. 지금은 살아 있는 전설로 불리는 디터 람스의 디자인이 당시 모든 사람들의 지지를 받았던 것은 아니었다. 회사 내부의 마케팅 부서나 엔지니어 부서, 심지어 같은 디자이너들조차 그의 디자인에 반기를 들곤 했다. 그러나 그는 끝까지 자신의 디자인 철학을 고수했다.

디터 람스가 브라운이라는 회사의 전성기를 이끌 수 있었던 것은 CEO였던 브라운 형제가 그의 능력을 믿고 그의 새로운 시도가 시장에서 구현될 수 있도록 전폭적으로 지지해 주었기 때문이다. 여든이 넘은 디터 람스는 지금도 그런 CEO와 일할 수 있었던 것이 엄청난 행운이었다고 말한다. 올해 초 기아자동차의 피터 슈라이어가 부사장에서 사장으로 승진한 것도 곧 '디자이너 리더십'이 성공적인 디자인 경영과 회사의 발전에 기여하고 있다는 사실을 증명하는 결정적인 단서다.

디터 람스가 디자인한 브라운의 제품들

디자인계의 전설로 불리는 디터 람스가 브라운을 진두지휘하며
디자인한 제품들은 지금도 여전히 현대적이고 세련미가 있다.

시대를 막론하고 각국의 디자이너들이 이렇게 리더십을 발휘하기 위해 고군분투하는 이유는 무엇일까? 실제로 제품 하나가 생산되어 세상에 나오기까지는 수많은 의사 결정 단계를 거쳐야 한다. 초기 단계에서는 대부분 실무를 맡은 디자이너나 디자인 조직의 담당자들이 의사 결정을 하지만, 생산 단계에 가까워질수록 디자이너의 초기 고민과는 점점 거리가 멀어지는 경우가 허다하다. 제품 생산의 편의성이나 보관성, 기술성을 비롯해 디자인 전문가가 아닌 이들의 개인적 성향에 따른 호불호로 결정되기도 한다.

나는 이를 더욱 간명하게 설명하기 위해 종종 커피 이론에 비유하곤 한다. 디자이너는 뜨거운 커피가 시장에 먹힐 수 있다고 주장하며 뜨거운 커피를 개발했다. 그러나 일부 다른 사람들은 차가운 커피가 시장에서 설득력 있다고 주장하고 나섰다. 결국은 뜨거운 커피를 좋아하는 고객과 차가운 커피를 선호하는 고객을 모두 만족시키기 위해 미지근한 커피를 만들기로 결론이 났다. 그러나 모두를 만족시키려고 만든 미지근한 커피는 실제 시장에서는 모두에게 외면 받을 수밖에 없었다. 많은 사람들이 결정에 참여해 여러 단계를 거치다 보면, 결국 이도 저도 아닌 디자인이 만들어질 수도 있다는 이야기다.

디자이너에게 권한을

나는 기회가 있을 때마다 CEO들에게 디자이너를 승진시키라고 제안한다. 사실 '승진'은 상징적인 의미고, 더 중요한 건 디자이너에게 그에 맞는 권한을 주라는 것이다. 그래야만 디자인 조직이 허수아비로 전락하는 것을 막을 수 있다. 디자인 조직을 구성할 때는 마케팅 부서나 기술 연구소의 일부로 위치시키는 것이 아니라 CEO의 곁에서 모든 제품의 결정 단계에 자문을 줄 수 있는 위치에 두어야 한다. 정치적인 영향력을 가진 일종의 자문 조직처럼 디자인 팀의 위치를 상승시켜야 하는 것이다.

이런 노력은 디자인 조직에서 훌륭한 제안을 쏟아 낼 수 있는 동력이 될 것이다. 실제 자신의 아이디어가 그 어떤 왜곡 없이 구현될 수 있을 때, 디자이너들은 더 나은 아이디어를 생각해 낼 수 있다. 또한 디자이너의 미비한 영향력으로 인해 좋은 아이디어들이 사장되는 결과도 줄일 수 있을 것이다. 아이디어는 언제든 예상치 못한 비즈니스의 성공으로 이어지는 단초가 되기도 한다. 진공청소기로 유명한 영국의 디자이너 제임스 다이슨(James Dyson)처럼 말이다.

제임슨 다이슨은 아마 영국 디자이너 출신의 사업가로는 가장 성공한 사람 중 하나일 것이다. 그가 만든 다이슨 청소기는 영국 시장에서 45퍼센트 이상의 점유율을 보이며, 한국에서도 꽤 성공한 브랜

산업 디자이너이자 기업가이기도 한 제임스 다이슨은 영국의 스티브 잡스라고
불린다. 기술과 디자인이 잘 조화된 이 제품으로 그는 청소기 시장에서
큰 성공을 거두었다. 제임스 다이슨의 성공은 디자이너가 자신이 직접
디자인한 상품으로 비즈니스에서 성공했다는 점에서 의미가 있다.

드가 됐다. 다이슨의 사이클론 진공 청소기는 원심력을 이용해 공기를 회전시켜 먼지를 빨아들이고 이 먼지 입자가 저장 용기에 쌓이는 방식으로 작동된다. 사이클론 진공 청소기가 전 세계적인 성공을 거둘 수 있었던 것은 기술도 기술이지만, 무엇보다도 디자인의 힘이 컸다. 다이슨은 청소의 모든 과정을 사용자가 눈으로 볼 수 있도록 투명한 청소기를 디자인했다. 청소기를 사용하는 사람들의 심리를 정확하게 읽어 낸 디자인이었다. 청소를 하면서 먼지를 얼마나 빨아들였는지 한눈에 볼 수 있다는 점에 소비자들이 매료된 것이다. 게다가 먼지 봉투나 필터를 갈 필요도 없었다. 요즘은 이런 스타일의 청소기가 꽤 나와 있지만, 당시로서는 매우 파격적인 디자인이었다. 이 때문에 다이슨의 아이디어를 수용해 선뜻 제작에 나서는 기업이 없었다. 난관에 부딪힌 다이슨은 결국 친구들과 친지들에게 투자를 받아 회사를 직접 차렸다. 그리고 결국 엄청난 성공을 거두었다.

제임스 다이슨의 성공은 디자이너가 자신이 직접 디자인한 상품으로 비즈니스에서 성공했다는 점에서 의미가 있다. 단순히 자신이 차린 회사였기 때문만이 아니다. 아이디어를 제품화하는 단계에서 디자이너인 자신의 의견을 적극적으로 반영했기에 가능했다. 디자이너에게 리더십을 키워 주고 의사 결정 단계에서 이들의 의견에 귀를 기울여 보라. 제2의 다이슨 청소기, 제2의 아이맥 컴퓨터, 그리고 그 이상의 것을 탄생시킬 수 있을 것이다.

기술의 발전 없이는 디자인의 발전도 없다

아이맥 설계에 숨겨진 일등 공신

"우리 제품을 아프리카 오지의 한 소비자가 분해했을 때 외관 디자인뿐만 아니라 잘 디자인된 기기 내부에 더욱 큰 감명을 받을 것입니다. 이 제품 내부의 공학적 디자인은 디자이너의 열정과 엔지니어의 인내로 만들어졌으며, 다른 제품과 현격한 차별화를 이루어 나갈 것이라 확신합니다."

애플의 수석 부사장 조너선 아이브는 오래 전 어느 세미나 자리에서 이렇게 말했다. 그 자리에서 조너선 아이브의 말을 듣고 있던 나는 그의 말에 동의하면서도 문득 이런 생각이 들었다. 그가 이렇게 자부심을 느끼고 있는 애플의 기술적 혁신을 가능하게 하는 데 한국의 엔지니어들이 일조했다는 사실은 왜 그다지 많이 알려지지 않았을까?

조너선 아이브가 지금처럼 세계적인 영향력을 가진 위치에 오르게 된 가장 중요한 시발점은 1990년대 말경부터 '누드 컴퓨터'로 한국에 알려진 '아이맥' 시리즈를 시장에 소개하면서부터다. 기존의 베이지 색상에 단조로운 불투명 플라스틱 재질을 사용하던 천편일률적인 컴퓨터에 반투명 혹은 투명 재질을 사용해 기기 내부가 들여다보이게 디자인된 이 제품군은 시장에서 컴퓨터 기기를 단순한 '기계'의 수준에서 '사용자와의 감성 교감'이라는 단계로 끌어올렸다. 물론 이 제품은 컴퓨터 시장에서 일대 혁신이 되었고, 다시 애플로 돌아온 스티브 잡스에게도 큰 성공을 가져다준 계기가 되었다. 이 제품군의 성공으로 애플은 장기적인 비즈니스 전략으로 다음 버전을 세상에 내놓았고, 이어서 MP3 제품인 아이팟으로 성공을 이어 갔다. 아마 아이맥이 없었더라면 그 즈음 애플은 세계 시장에 매물로 나왔을지도 모른다.

당시 나를 비롯한 많은 사람들이 애플 아이맥의 제품 설계를 누가 했는지 궁금해 했다. 그러던 중 나는 1998년 국내 LG전자와 LCD 모니터 디자인 프로젝트를 진행하는 동안 아이맥 설계 작업에 참여한 엔지니어를 만날 수 있었다. 이 엔지니어는 LG전자에 근무하고 있었는데, 당시 LG전자에서는 OEM 방식으로 아이맥의 제조

1998년 애플이 선보인 아이맥 컴퓨터
기존의 베이지 색상에 단조로운 불투명 플라스틱 재질을 사용하던 천편일률적인 컴퓨터에
컬러풀한 반투명 혹은 투명 재질을 사용해 기기 내부가 들여다보이게 디자인된 아이맥은
컴퓨터를 단순한 기계의 수준에서 사용자와의 감성 교감이라는 단계로 끌어올렸다. 컴퓨터
시장에서 일대 혁신이 된 이 제품은 당시 LG전자가 OEM 방식으로 제조를 담당한 적이 있다.

를 담당하고 있었기 때문이다. 스티브 잡스는 컴퓨터의 내부가 전혀 보이지 않는데도 회로 기판 위의 배열이 늘 깔끔하게 정돈되어 있기를 고집한 것으로 유명하다. 게다가 컴퓨터의 케이스를 투명하게 디자인했으니, 이를 제품으로 구현하는 과정이 순탄치 않았으리라는 것을 충분히 짐작할 수 있었다. 조너선 아이브의 팀은 제조를 맡은 LG전자와 협력하여 생산 공정에 완벽을 기했다. 투명 본체의 컴퓨터를 설계하고, 속이 훤히 들여다보이는 제품의 외관과 내부를 모두 정결하게 보이도록 하기 위해 혼신의 힘을 다했다. 당시로서는 실현 불가능했던 설계 기술을 제안하고, 아이브의 팀과 함께 먹고 자면서 어려움을 열정으로 헤쳐 나간 비하인드 스토리를 들으며, 한국 엔지니어들의 열의를 느낄 수 있었다.

디자인의 성공을 뒷받침하는 기술

한국의 기업들과 OEM으로 협업하며 제품을 생산하는 몇몇 브랜드의 담당자나 디자이너를 만날 때면 한국 엔지니어들의 열정과 창의력에 대한 극찬을 듣곤 한다. 그들은 한국의 엔지니어들이 단순히 기존의 방법을 답습하는 것이 아니라 좀 더 새로운 방법을 찾아내고 어떻게든 실현 가능하게 하려고 노력한다는 점을 높이 샀다.

이는 한국의 엔지니어링 기술이 이미 해외에서 명성을 얻었다는 것을 의미한다.

이런 사례가 비단 과거 해외 기업에서만 찾아볼 수 있는 것은 아니다. 우리나라의 LG와 삼성 등의 대기업은 엔지니어들의 열정과 헌신으로 성장했다고 해도 과언이 아니다. 그건 현재도 마찬가지다. 2006년에 출시된 삼성전자의 보르도 텔레비전은 광택 있는 검은색 외관에 와인 잔을 연상시키는 디자인으로 주목을 받았다. 이 제품은 출시된 지 6개월 만에 100만 대를 판매할 정도로 큰 성공을 거두었다. 보르도 텔레비전의 성공으로 삼성전자의 디자인 경영에도 관심이 집중되었다.

보르도 텔레비전이 히트 상품이 될 수 있었던 것은 협력 업체의 기술적 뒷받침이 있었기에 가능했다. 삼성전자의 오랜 협력사인 제일정공은 삼성과 공동으로 '웰드리스(weldless) 스팀 몰드'라는 자체 기술을 개발했다. 보통 가전제품의 플라스틱 외장을 금형으로 찍어내면 접합선이 생기는데, 제일정공이 개발한 이 기술은 고온의 수증기를 이용해 외관에 나타나는 접합선 자국을 없애는 것이었다. 이러한 기술이 없었다면 매끈하고 유려한 보르도 텔레비전의 디자인은 세상에 나올 수 없었을 것이다.

또한 같은 해 출시된 LG전자의 샤인폰도 광성전자라는 중소기업의 기술력을 바탕으로 탄생됐다. 3차원 알루미늄 다이아 커팅 기술을 가진 이 회사는 LG전자와 공동으로 연구 개발한 끝에 이 기술로 스테인리스를 가공하는 데 성공했다. 그 결과 LG전자는 세계 최초로 스테인리스 스틸 소재의 휴대전화를 디자인해 고급스럽고 촉감이 좋은 제품을 내놓을 수 있었고, 2007년 2월 초 영국을 시작으로 유럽 휴대전화 시장에 출시한 지 4주 만에 20만 대가 판매되어 화제가 되기도 했다.

디자이너와 엔지니어의 관계

아무리 우수한 디자인도 기술의 지원이 없으면 그저 허상일 뿐이다. 혁신적인 디자인을 위해서는 혁신적인 기술이 뒷받침되어야 한다는 것은 당연한 일이다. 그런 면에서 디자이너와 엔지니어의 관계는 동전의 양면과도 같다. 서로에게 반드시 필요한 존재이면서 때로는 대립하기도 한다. 디자이너는 엔지니어에게 좀 더 창의적으로 새로운 방법을 고민해 달라고 요구하고, 엔지니어는 디자이너에게 실현 불가능한 아이디어를 제시하지 말아 달라고 요청한다.

디자이너와 엔지니어는 모두 물건을 만드는 사람들이지만 서로의 입장이 다르기 때문이다. 엔지니어가 철저한 조건에 입각해 물건을 만드는 사람이라면, 디자이너는 도전과 창조를 바탕으로 물건을 만든다. 따라서 이들은 계속 싸우면서 합의점을 찾는다. 디자이너가 이런 디자인을 제안하면 엔지니어는 기술적으로 불가능하다, 이런 형태는 나올 수 없다고 맞선다. 디자이너가 기술에 대해 공부해야 하는 이유도 바로 이 때문이다. 그런 점에서 디자이너는 다양한 분야에서 활동하는 사람들을 만나게 하고 한데 모여 어떤 이슈를 생성해 결국 실현시키는 일종의 '플랫폼'을 만드는 사람들이라고 볼 수 있다.

이 플랫폼에서 디자이너와 엔지니어가 파트너십을 가지고 균형을 맞추어야만 디자인은 성공할 수 있다. 조직에서 엔지니어의 영향력이 지나치게 커서 디자이너가 움츠러들어 창의적인 발상을 하지 못하는 회사는 시장 경쟁에서 두각을 나타낼 수 없는 그저 그런 제품만을 만들어 낸다. 반대로 아무리 우수한 디자인 아이디어도 이를 현실화하겠다는 엔지니어의 열정이 없으면 절대 실현 불가능하다. 서로 존중하고 신뢰하는 조직을 유지하는 것이야말로 시장에서 선전할 수 있는 최고의 경쟁력을 확보할 수 있는 방법이다.

디자인 경영의 중요성은 해를 거듭할수록 더욱 강조되고 있다. 일본의 앞선 기술과 중국의 저렴한 노동력(이제는 대등한 기술력도 포함된다.)으로 인해 한국 시장에서는 작은 투자로 큰 이익을 가져다줄 수 있는 디자인에 당연히 관심을 가지는 것이다. 그러나 디자인이 만병통치약처럼 모든 문제를 해결할 수 있는 유일한 방법인 양 오도되는 건 많은 후유증을 낳을 수 있다. 이 때문에 제품을 디자인하는 디자이너와 그것을 설계하여 실물로 구현하는 엔지니어를 대립의 관계로 몰아가는 극단적 디자인 만능주의자들을 특히 경계해야 한다.

지금 이 순간에도 수많은 제조사들이 밤을 낮 삼아 새로운 방법을 찾고, 제품의 디자인을 기술적으로 뒷받침하는 공정을 완성하기 위해 피땀 흘리고 있다. 엔지니어의 파트너십 없이는 절대 세상에 혁신적인 제품이란 나올 수 없다. 엔지니어들은 화려한 조명을 받는 직업은 아니지만 최소한 개발 과정 안에서는 존중을 받으며 그들의 열정과 창의력에 무한한 신뢰를 받을 자격이 있다.

글로벌리즘과
로컬리즘의 전략

과연 디자인도 한국적인 것이 세계적인 것인가

2006년 가을, 상하이에서 열린 한·중 디자인 포럼에 참석한 적이 있다. 내 앞 순서로 발표한 사람은 중국 칭화대학교의 디자인과 교수였는데, 그는 레노버(Lenovo) 같은 중국 회사가 중국의 문화를 제품 디자인으로 표현해야 한다고 주장했다. 당시 중국의 레노버는 IBM의 PC 사업부를 인수해 중국 최대의 컴퓨터 제조사로 발돋움하고 있었다. 이때 레노버는 세계화 전략을 내세우고 있었지만 자국에서는 중국의 문화적 표현이 부족하다는 점 때문에 비판을 받았다. 500여 명 정도 되는 중국 관중들은 칭화대 교수의 발언에 마치 인기 가수에게 열광하듯 환호했다. 다음 순서로 관중들 앞에 선 나는 이렇게 말했다. "지금 여기 들뜬 기색이 가시지 않은 여러분들을 보니 20년 전 한국이 생각납니다."

나는 그 자리에서 디자이너는 국가와 민족을 떠나 세계인들이 받아들일 수 있는 국제적 보편성을 가진 디자인을 추구해야 한다고 강조했다. 디자인은 선전이나 선동의 도구가 아니기 때문이다. 이 말은 현장에 있던 많은 중국 디자이너들에게 아마도 큰 반향을 불러일으켰을 것이다. 물론 자국의 문화에 대한 자부심으로 충만한 중국 디자이너들은 내 말을 귀담아 듣지 않았을 테지만 말이다. 자부심과 자긍심은 좋지만 자신이 만든 물건을 직접 사용하는 고객을 배려하는 건 디자인에서 매우 중요한 원칙이라는 속뜻을 이들이 과연 알아차렸을지는 의문이다.

지금도 내가 가장 경계하는 말은 "한국적인 것이 세계적인 것이다."라는 구호다. 한국의 디자인 문화가 발전했다고는 하나 요즘도 나는 기업의 프로젝트나 정부가 진행하는 '한국 디자인 DNA' 같은 연구 사업에서 "한국의 혼을 디자인에 담아야 한다."는 말을 종종 듣는다. 그리고 누군가는 꼭 "한국이 디자인하는 건데 단청 문양 같은 게 들어가 줘야 하지 않아?"라는 말을 언급하곤 한다. 하지만 그런 이야기를 들을 때마다 난 의구심이 든다. 이런 방법이 한국적 디자인을 알리기 위한 올바른 방법일까?

우리는 지난해 '한국' 가수 싸이가 '한국 문화'인 K팝을 '전 세계

인들'에게 널리 알리는 모습을 목격했다. 싸이는 '한국의 현 문화'를
세계적으로 각인시킨 일등공신이 되었지만, 그가 '한국적인 것'을
특별히 내보이기 위해 애쓴 건 아니었다. 그러나 그가 내놓은 결과물
은 충분히 '한국적'이었다. 나는 요즘 시대의 디자인에는 한국적인
것, 세계적인 것에 대한 새로운 정의가 필요하다고 생각한다. 한국적
인 것을 굳이 과거의 전통에서 찾을 필요는 없고, 그래서도 안 된다.
이는 자칫 디자인의 보편성을 훼손한 구태의연하고 국수주의적인
'내셔널리즘' 디자인이 될 가능성이 농후하다. 요즘 화두가 되고 있
는 글로벌리즘이란 단순한 세계화가 아니라 디자인이 원래 가져야
하는 보편적 언어이며, 로컬리즘이란 내셔널리즘이 아니라 디자인
을 사용하는 지역과 문화권의 사람들을 위한 언어라는 것이다.

　글로벌리즘과 로컬리즘을 세계화나 국수주의로 혼동하지 않기
위해 중요한 것은 글로벌리즘과 로컬리즘이 디자인의 목적, 목표가
되어서는 안 된다는 것이다. 이 두 가지는 제품의 특성에 따라 철저
히 전략적인 차원에서 활용되어야 한다.

비행기 꼬리 날개 디자인이 실패한 까닭

글로벌리즘과 로컬리즘을 디자인 전략이 아니라 목적으로 삼아 실

국가별 상징을 장식적으로 사용한 영국항공의 꼬리 날개 디자인

1997년 영국항공은 취항지 별로 각 국가의 아이덴티티를 반영한 그림을 그려 넣었지만 고객들의 호응을 얻지는 못했다. 취항지의 승객을 존중해 주는 것은 좋았으나 다른 문화권의 승객에게는 거부감을 줄 수 있었고, 영국적 전통을 선호하던 자국의 고객에게도 외면을 받는 결과를 낳았다. 이는 글로벌리즘과 로컬리즘을 잘못 적용한 대표적인 사례에 해당한다.

패한 사례는 무수히 많다. 그 중 내가 자주 이야기하는 것이 바로 영국항공의 비행기 꼬리 날개(tail fin) 디자인 사례다. 영국항공은 비즈니스 클래스를 전면 개편하기 전, 비행기의 꼬리 날개 부분에 취항지 별로 해당 국가의 아이덴티티를 반영한 그림을 그려 넣었지만 이는 실패로 끝났다. 여기엔 몇 가지 문제점이 있었다. 그 취항지의 승객을 존중해 주는 것까지는 좋았으나 비행 여행은 국경을 넘나드는 가장 대표적인 상품이기 때문에 다른 문화권의 승객들은 거부감을 가질 수밖에 없었다. 무엇보다 가장 큰 실패 원인은 고객에게 직접적인 혜택을 주지 못했다는 것이다. 비행기의 꼬리 날개 디자인이 변화했다고 고비용 대비 만족할 만한 경험을 얻을 수는 없다. 사람들은 그저 디자인의 본질을 파악하지 못한 채 디자인 자체에만 집착한 시도를 지지하지는 않는다.

제품을 만들 때 디자이너뿐만 아니라 CEO가 가장 먼저 고민하는 것은 주 소비층, 즉 타깃이다. 이 제품이 어디서, 누구에게 팔릴 것인가를 가장 먼저 고민한다는 것이다. 국내 시장인지, 국외 시장인지에 따라 어떻게 팔아야 하는지 분명히 구분해 판단하고, 그에 맞는 전략과 상호 보완할 수 있는 마인드를 가져야 한다. 물론 기존에 존재하지 않았던 새로운 제품일 경우에는 아예 글로벌리즘과 로컬리즘의 구분 없이 만드는 것이 곧 글로벌 스탠더드가 되는 경우도 있다. 당연한 이야기지만 종종 우리가 잊고 있는 것은 어떤 국적을 가진 디자이너가, 혹은 어느 나라의 회사가 디자인했는가가 아니라 어떤 시장에서 어떤 전략으로 접근하는가 하는 것이다.

이를 테면 휴대전화, MP3 플레이어 등 새로운 사용자의 인터랙션이 필요한 제품에는 로컬리즘보다는 글로벌리즘이 더욱 유용한 전략이 된다. 새로운 기술을 기반으로 하여 새로운 트렌드를 만드는 제품이기 때문이다. 전 세계 시장을 대상으로 판매하는 휴대전화에 한국 전통 문양이나 상징물의 이미지 등 강한 로컬리즘적 요소를 담는 것은 오히려 다른 문화권의 고객에게는 거부감을 줄 수 있다. 과거 아이팟이 각기 다른 문화 정체성을 가진 소비자들에게 모두 감흥을 불러일으켰고, 현재 글로벌리즘의 보편적 언어로 디자인된 한국의 휴대전화가 대륙을 뛰어넘어 전 세계에서 베스트셀러가 되고 있는 것만 봐도 알 수 있다.

반면 냉장고, 청소기, 세탁기 등과 같은 생활 밀착형 제품들은 그 제품을 사용할 해당 지역에 대한 충분한 연구가 바탕이 된 로컬리즘을 반영해야 한다. 의식주에 대한 정서와 생활 양태가 국가와 민족마다 다르므로 그들의 전통을 반영해야 한다는 것이다. 냉장고를 예로 든다면 한국에서는 곰솥 같은 커다란 냄비도 통째로 냉장고에 보관할 수 있어야 하고, 바닥을 물청소하는 태국에서는 냉장고의 하단부가 바닥에서 어느 정도 떨어져 있어야 한다. 100년이 넘는 긴 역사를 거치며 냉장고는 각 국가와 민족 고유한 식습관에 맞게 변화해

탠저린이 디자인한 웅진 코웨이의 탄산수 정수기
국내 정수기 시장에서 선전했던 웅진 코웨이는 유럽을
겨냥한 '탄산수 정수기'를 개발했다. 탠저린에서는
현지 맞춤형이라는 로컬리즘의 전략으로 이 제품을
디자인했는데, 유럽인들은 컵이 정수기 레버에 닿는 걸
꺼리는 경향을 반영해 상부 레버식 방식을 채택했다.

오고 있는 아이템이다. 한국 시장에서 성공한 생활 밀착형 제품이 해외 시장으로 진출한다고 해도 디자인 전략은 그 지역에 맞게 적절히 바뀌어야 한다는 말이기도 하다.

한국적 디자인에 대한 새로운 정의

현재 중국과 일본은 글로벌리즘과 로컬리즘의 전략을 적절하게 구사하지 못하는 측면도 있는 듯하다. 중국의 디자이너와 기업들은 여전히 중국 고유의 문화와 정체성을 디자인에 담아 전 세계에 알려야 한다고 생각하는 경우가 비일비재하고, 반대로 일본은 오히려 해외 시장을 배척한 채 로컬 시장만을 위한 제품을 만드는 데 치중하는 바람에 경쟁력을 잃은 경우가 많다.

그런 점에서 나는 '한국적인 것'이 글로벌 스탠더드의 중심에 있다고 믿고 있다. 해외 문화가 일본에 들어가면 그것은 일본화가 되겠지만, 한국에 들어오면 글로벌 스탠더드가 되어 세계의 고객들을 설득할 수 있는 것이다. 개인적인 생각이지만 아무래도 한국인의 정서에는 다른 국가나 민족의 마음을 이해하고 헤아리는 역지사지의 포용력이 내재되어 있기 때문일 거라고 생각한다. 그리고 이는 21세기에 들어 고객의 경험과 환경을 이해하고 존중해야 하는 디자인에서 그 진가가 발휘되고 있다.

그렇기 때문에 누군가 내게 '한국적인 디자인'이 무엇인가 묻는다면 나는 '한국 디자이너가 한국적인 DNA를 갖고 디자인하는 것 그 자체'가 한국적 디자인이라고 대답할 것이다. 한국 디자인의 DNA란 과거에서 찾아올 것이 아니라 현재와 미래를 포함해 글로벌 고객의 모든 필요와 열망을 종합해 내는 우수한 능력이기 때문이다. 한국 디자인이기 때문에 잘 팔리는 것이 아니라 한국 디자이너가 만들어서 잘 팔린다면, 그것이 곧 한국을 대표하는 디자인이 될 수 있다는 말이다.

프로세스를
인내하라

디자인 프로세스는 인내심과의 싸움

누구에게나 '최초의 성과물'은 무척 소중하다. 내가 탠저린에 입사해 가장 처음 맡은 프로젝트는 웨지우드(Wedgwood)와의 작업이었다. 웨지우드는 250년이 넘는 역사를 가진 영국의 유명한 도자기 브랜드로 조시아 웨지우드(Josiah Wedgwood)라는 도예가가 설립한 회사다. 이 웨지우드의 250주년 기념 자기 세트를 디자인하는 작업이었으니, 내게는 꽤 의미 있는 일이었다. 이 작업이 아직도 기억에 남는 건 단순히 웨지우드가 250년 전통을 가진 도자기 회사이고 나의 첫 프로젝트였기 때문만은 아니다. 나는 이곳에서 한국과는 다른 체계적인 디자인 프로세스를 경험했는데, 이는 일종의 충격이었다.

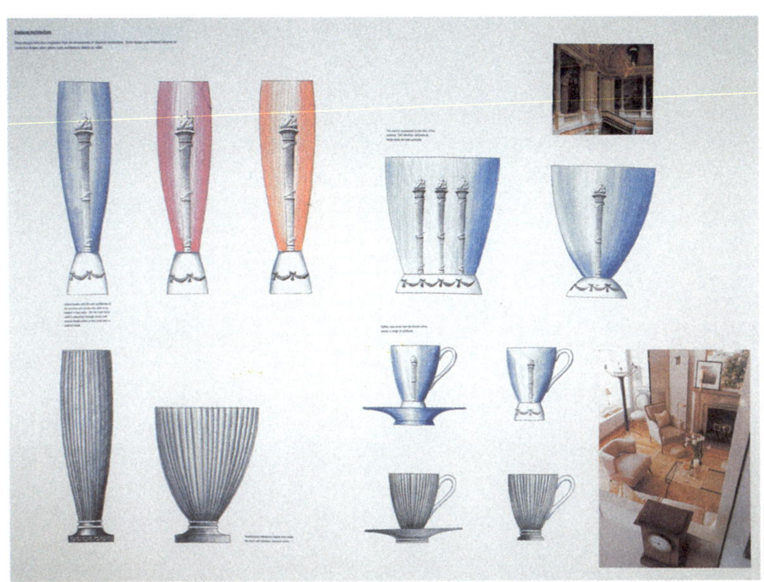

웨지우드 250주년 기념 자기 세트 디자인 작업

오랜 전통을 가진 웨지우드의
재스퍼(Jasper) 시리즈는
웨지우드를 대표하는 아이콘 같은
제품이다. '재스퍼'는 웨지우드가
개발한 도자기 소재로서 주로
장식으로 많이 쓰인다. 탠저린에서
디자인한 이 기념 자기 세트는
웨지우드가 가진 기존의 헤리티지
중에서 가장 핵심적인 가치를
추출해 재스퍼라는 소재로 모던한
제품군을 개발하는 작업이었다.

우리는 맨 처음 기업의 가치를 정했다. 그리고 새로 출시할 제품의 디자인 정신이 무엇인지 문서로 작성했다. 그 과정에서 250년 된 회사인 만큼 장인 정신을 부각시켜야겠다는 결론이 나왔고, 그에 맞춰 전략을 수립해 갔다. 키워드에 맞는 이미지를 정한 후 스케치를 시작했다. 꼼꼼한 리서치와 신중한 검증은 매우 당연하게 거쳐야 하는 과정이었다. 반면 한국에서는 당시만 해도 디자인을 먼저 해 놓고 그 디자인을 리서치에 끼워 맞추는 경우가 많았다.

요즘도 나는 리서치를 한다고 하면 "대충 그림 한 장 그려 주면 되는 거 아닌가?"라고 생각하는 CEO들을 적지 않게 만난다. 디자인은 그 자리에서 그려 낼 수 있는 길거리 초상화가 아니다. 이렇게 생각하는 데에는 앞에서 이야기했던 디자인 경영의 철학과 전략이 부재하기 때문이다. 기업의 핵심 가치를 정하고, 그 중 디자인 스피릿 혹은 철학을 정립한 후 전략을 세우고, 전략 안에서 일관성과 지속성을 가질 수 있도록 시스템화하는 것이 중요하다는 것은 앞에서도 설명한 바 있다.

또 다른 문제는 설사 그렇게 프로세스를 갖추었다고 하더라도 인내심을 갖고 지켜보는 것이 아니라 당장 눈앞에 나타나는 결과를 바란다는 데 있다. 디자인 경영을 시작한 지 1년만 지나도 손익분기점을 생각한다. 디자인 경영에 투자한 비용이 이 정도인데, 왜 아직도 이윤으로 나타나지 않느냐고 조바심을 낸다. 하지만 디자인 경영은 1년 만에 뚝딱 결과가 나오는 것이 아니다. 한 사이클을 돌고, 그런 다음 수정해서 다시 한 사이클을 더 지켜보는 식으로 적어도 2년은 시행해 봐야 결과를 손에 쥘 수 있다. 길게는 10년 정도의 시간을 요하는 경우도 있다. 디자인은 곧바로 황금알을 낳는 거위가 아니기 때문이다. 결과를 얻기 위해서는 과정이 있어야 하고, 그 과정을 인내하는 시간이 필요하다.

이런 상황에서 디자인 프로세스는 종종 무시당하기 일쑤다. 물론 제품에 따라 차이가 있겠지만 대략적인 디자인 프로세스를 예로 들자면 다음과 같다. 리서치를 거쳐 디자인을 한다. 디자인을 바탕으로 3D 데이터를 만들고 프로토타입(prototype)으로 실현시켜 본다. 그런 다음 테스트를 한다. 워킹 모델(working model)이라고 하는, 실제 기구를 넣어 제품에 적용시켜 본다. 문제점을 수정한 다음에야 양산 도면을 그려 양산을 하는 식이다.

그러나 많은 중소기업의 CEO들은 이 과정을 다 거치려면 비용과 시간이 든다는 이유로 디자인을 한 후 중간 과정을 생략하고 바로 양산에 돌입하는 경우가 많다. 평면적인 설계 도면을 바로 입체적인 실제 모델로 만들 때 모순이 발견되는 건 당연한 일이다. 이 때문에 양산하기 전에 무수히 많은 수정 작업을 거치는 것이다. 그런데 그 수정하는 과정 없이 바로 양산해 버리니 제품의 디테일이 떨어질 수밖에 없는 것이다. 5개월 동안 개발해야 할 제품을 1개월 만에 개

디자인 프로세스 중 이미지 리서치 단계

어떤 디자인 프로젝트의 키워드가 결정되면 이 키워드에 맞는 이미지를 조사한다.
수집된 이미지를 꼼꼼히 분석하고 분류하여 스케치를 그려 나간다.

발했다고 절대 자랑할 일이 아니다. 그 4개월은 반드시 필요한 시간이다. 디자이너와 엔지니어들이 실패와 수정을 반복하고 잠재 고객까지 관찰하는 과정을 거친 후 완벽한 상태에서 제품을 내놓을 준비를 하기 때문이다. 그런 과정을 거친 제품이라야 시장에서 성공할 확률이 높아진다.

조급함은 가장 큰 실패 원인

중소기업은 제품 하나의 성공 여부가 회사의 존립 문제로 직결되는 경우가 많다. 단적인 표현이지만 중소기업은 기회가 한 번뿐이라고 해도 과언이 아니다. 우리나라 기업의 거의 공통적인 문제는 매출을 어느 수준으로 끌어올리기까지 드는 비용이 다른 나라의 기업에 비해 높다는 것이다. 프로세스와 시스템이 잘 갖춰진 대기업이 아닌 중소기업은 한 제품을 출시할 때마다 더 높은 비용을 투자해야 하기 때문이다. 그렇게 만든 제품이 운 좋게도 히트 상품이 되면 매우 다행이다. 그러나 상식적으로 생각했을 때 프로세스를 무시하고 급하게 내놓은 제품의 성공 확률은 현저하게 떨어질 수밖에 없다. 이렇게 실패할 경우, 중소기업이 받는 타격은 대기업에 비해 훨씬 크다. 이런 중소기업의 이야기를 들을 때마다 나는 안타까운 마음이

든다. 그래서 중소기업 CEO에게 비슷한 비용을 투자하고도 단계를 무시하는 실수 때문에 원하는 결과를 얻지 못하거나 존립에 위협적인 상황을 만드는 실수를 범하지 말아야 한다고 종종 직언한다.

사실 이런 조급함은 기업 CEO들의 개인적인 문제로 돌리기 힘든 문제이기도 하다. 디자인을 도입하고 발전시키는 과정뿐만 아니라 사회의 발전 과정을 보더라도 한국 사회 전체가 아주 빠른 속도로 달려 왔다. 영국의 150년 디자인 발전 역사를 우리는 50년 만에 따라잡고 있다. 이렇다 보니 디자인 프로세스 중 유달리 취약한 부분이 바로 검증 시스템이다. 새로운 제품을 출시한 기업도, 새로운 시스템을 도입하는 정부도 지속적인 피드백을 듣고 검증하는 과정에 익숙하지 않다.

1863년 세계 최초로 개통된 런던의 지하철은 150년 역사를 자랑한다. 런던의 지하철 입구에는 '언더그라운드(UNDERGROUND)' 로고가 걸려 있는데, 이 로고만 해도 100년 넘게 사용되고 있다. 이들은 전통에 대한 자부심을 지속적인 확장 공사와 구간 연장을 하면서도 계승하고 있다. 밀레니엄을 기점으로 새롭게 확장 개통한 주빌리 라인(Jubilee Line)의 건설 과정을 보면 이를 알 수 있다. 디자인의 최종 목표인 고객의 편의성을 증진시키기 위해 이들은 공간에서 경험할 수 있는 여러 가지 감성을 시뮬레이션하며 좁은 지하 공간이지만 답답하지 않도록 디자인했다. 이를 위해 동선이나 고객 여정을

런던 언더그라운드 로고

런던의 지하철역 입구마다 걸려 있는 언더그라운드 로고는 1908년에 처음 등장했다.
초기에는 빨간색 원에 파란색 가로줄이 들어간 디자인이었는데, 1913년 타이포그래피
디자이너 에드워드 존스턴(Edward Johnston)이 원을 빨간색 띠로 바꾸고 자신의 이름을
딴 존스턴 서체를 적용해 디자인한 것이 오늘날 언더그라운드 로고의 원형이다. 지금까지
이렇게 오랜 세월 동안 원형의 디자인을 유지할 수 있는 까닭은 먼 미래를 내다보고 신중하게
디자인 프로세스를 밟아 가는 자세가 바탕이 되었기 때문일 것이다.

개통 전부터 수많은 시뮬레이션을 통해 테스트한 다음 지하철역을 개설했다. 이 노선을 이용하는 고객들이 아무리 복잡한 러시아워 시간에도 큰 혼잡 없이 편하게 사용할 수 있는 것도 아마 이런 끊임없는 검증 덕분일 것이다.

영국이 지하철 노선을 완성한 후에도 2년 동안 시뮬레이션 했다면, 우리는 교통 카드 시스템을 하나 만들 때에도 일단 오픈한 후 시뮬레이션을 한다. 물론 어느 쪽이 절대적으로 옳은 방법이라고 할 수는 없다. 제품이나 시스템이 세상에 나온 후 다양한 목소리로 사용자의 불만을 듣는 것 역시 중요한 일이기 때문이다. 그러나 한 가지 기억해야 할 것은 영국은 제품이든 시스템이든 50년, 100년 후를 내다보는 반면 우리는 보통 그보다 짧은 미래를 보고 있다는 것이다. 디자인 프로세스를 얼마나 중요하게 인식하느냐의 차이는 여기서 기인한다.

혹자는 내가 주로 대형 프로젝트를 진행해 왔기 때문에 프로세스의 중요성을 강조하는 것 아니냐는 의문을 제기하기도 한다. 그러나 내가 탠저린에서 가장 처음 배운 것은, 디자인 프로세스는 항공기를 디자인할 때나 바늘을 디자인할 때나 거의 유사하고 똑같이 중요하다는 사실이었다. 그리고 그것은 지금도 전 세계의 다양한 업무를 진행하는 데 탄탄한 기본기가 되고 있다.

중소기업과 제조업을 응원하라

제조업 디자인의 현실

최근 탠저린에서는 해피콜과 함께 걸레를 비롯한 가정용 청소용품을 디자인했다. 프라이팬, 냄비 등의 만들어 온 해피콜은 홈쇼핑에서 엄청난 돌풍을 일으키며 일반 소비자들에게 양질의 제품을 만드는 제조회사로 각인됐다. 그리고 이번에 내놓은 캐치맙(Catch Mop)이라는 걸레 역시 홈쇼핑에서 매진을 연속하며 6개월 동안 500억원의 매출을 올리는 히트 상품이 됐을 뿐만 아니라 전 세계 회사에서도 수입하고자 하는 히트 아이템이 됐다.

탠저린은 해피콜과 함께 3년 전부터 제품 개발에 참여해 왔다. 해피콜은 내수 시장만큼이나 수출 시장에서도 큰 성과를 보여 온 굴지의 제조회사다. 그리고 나는 곧 해피콜이 해외 유명 프라이팬 브랜드인 테팔 등의 경쟁사들을 제치고 세계 1위의 기업이 될 거라 믿어 의심치 않는다.

해피콜의 성공이 더욱 화제가 되는 건 제조업 디자인이 저물어 가는 오늘의 대조적인 현실 때문일 것이다. 현재 전 세계의 시장은 서비스 기업으로의 일대 전환을 맞이하고 있다. 그 동안 회자되던 튼튼한 제조업체도 점점 사라지고 있는 추세다. 대기업과 중소기업 사이에서 가장 튼튼한 기업으로 고군분투하던 웅진 그룹 같은 존경받던 그룹도 몇몇 계열사가 매각되고 뿔뿔이 흩어졌다. 또한 제품 전문 기업으로 명성을 떨치던 몇몇 중소기업들도 어려운 상황에 놓여 있다. 현실이 이렇다 보니 제조업의 디자인 영역에 있는 사람들도 머물 곳을 잃었다. 그리고 이들의 대부분은 서비스 디자인 영역으로 몰리고 있는 상황이다.

서비스 디자인이란 단순히 제품을 디자인해 사용자에게 제공하는 것을 넘어, 사용자의 전반적인 행동을 관찰하고 효율적으로 개선해 경험의 변화를 이끌어 내는 디자인을 의미한다. 우리의 일상 전반, 공공, 기업, 의료, 교육, 복지, 재해, 재난, 보안에 이르기까지 다양한 범위에서 유형의 사물과 보이지 않는 무형의 서비스까지 더욱 편리하고 쾌적한 환경과 시스템을 구축하기 위해 그 모든 것을 디자인하는 것이기도 하다.

이를테면 예전에는 디자이너가 기차를 디자인하는 데 그쳤다고 한다면, 요즘은 고객들이 기차를 타기 위해 인터넷으로 예매하는 순간부터 고객의 모든 여정을 세심히 관찰하고, 그 과정에서 발생하는 불편함을 개선하는 것까지 모두 디자인한다. 이렇듯 서비스 디자인은 기존 디자인의 한계를 넘어 새로운 영역을 개척하고 확장한다는 의미에서 매력적이다. 그러나 기차 여행을 풍요롭게 하는 모든 서비스에 앞서 가장 중요한 것은 바로 기차를 편안하고 안전하게 잘 만드는 것이다.

굴뚝이 없이는 서비스도 없다

우리가 기억해야 하는 것은 이렇게 매력적인 서비스 디자인 역시 제조업 디자인이 바탕이 되어야 발전할 수 있다는 것이다. 굴뚝을 버리면 서비스는 없고, 서비스를 간과하면 기업은 일찍 사멸한다. 두 가지 분야가 적절히 균형과 긴장을 유지하면서 공존해야 한다. 서비스 디자인이 새로운 트렌드라고 해서, 서비스 디자인이 근사해 보인다고 해서 새로운 디자인 분야에만 집중하는 것은 주객전도일 뿐이다. 노동자들과의 밤샘 작업은 분명 힘든 노동이지만, 소비자에게 만족을 주는 제품을 디자인하는 일은 그 무엇보다도 가치 있고 보람 있는 일이다. CEO들은 종종 기존의 제품으로 판매 방식만 바꾸면 매출을 몇 배 더 끌어올릴 수 있다는 식으로 현혹하는 디자이너들을 만난다. 물론 그것도 아주 틀린 이야기가 아니지만, 그보다 먼저 제품의 본질에 충실해야 하는 게 중요하다.

그런 점에서 해피콜의 성공은 성공 그 이상의 의미를 지닌다. 이들은 제조업이 사양 산업 혹은 기피 산업이라는 인식을 극복하고, 블루오션이 아닌 레드오션에서 제품의 본질이라 할 수 있는 품질로 당당히 승부하는 것이 결코 불가능하지 않다는 사실을 증명했기 때문이다. 그리고 디자인 경영이 제조업을 견고하게 한다는 사실을 깨달은 이들은 이제 디자인에도 투자를 아끼지 않는다.

나는 얼마 전 해피콜의 초청으로 프랑크푸르트와 시카고의 소비재 생활용품 전시에 다녀오기도 했다. 이곳에 전시된 제품들을 보면서 나는 제품의 기능은 우수하지만 고객의 경험을 제대로 전달하지 못하는 제품이 많다는 것을 느꼈다. 어떻게 보면 여기에 디자인의 기회가 무궁무진하다는 의미이기도 하다. 특히 전자 산업 중심의 하이테크 상품만이 디자인 경영이 적용된다고 생각하는 CEO들이 많은데, 이런 기존의 사고에서 벗어나 오히려 로테크 제품에서 디자인의 가치가 더 돋보일 수 있다고 조언해 주고 싶었다.

걸레 디자인부터 항공기 좌석 디자인까지

해피콜과의 인연은 3년 전에 시작됐다. 부산에서 디자인 세미나를 한 적이 있는데, 이 자리에 참석했던 해피콜의 CEO가 어느 날 함께 일하고 싶다고 찾아왔다. 그래서 다른 중소기업들처럼 몇 가지 디자인을 무료로 조언해 주는 작업으로 시작했다. 지금은 해피콜의 상품 기획부터 고객 조사, 제품 디자인, 컬러 선정 등의 디자인 전략, 금형에 대한 피드백을 받아 수정하는 등의 제작, 그리고 광고 전략까지 함께 만들고 있다.

물론 해피콜과의 작업이 처음부터 쉬웠던 건 아니었다. 그 동안 다양한 클라이언트를 만나 왔지만 시장 중심형인 해피콜과의 작업은 그 어떤 작업보다 더욱 고객에 대한 완벽한 이해를 필요로 했기 때문이다. 이를 통해 나는 내가 예상하는 고객의 만족과 고객이 생각하는 자신들의 만족이 다르다는 것을 다시 한 번 깨달았다.

또한 해피콜의 제품을 디자인하면서 기술적인 문제가 어떻게 디자인으로 구현되어야 하는지도 알 수 있었다. 이들의 베스트상품 중 하나인 양면 압력팬을 보면 손잡이 부분이 자석으로 처리되어 있는데, 기존 제품에서 활용된 자석을 미세한 강도까지 조율해 디자인에 적용했다. 덕분에 해피콜 양면 압력팬은 소비자들로부터 "손잡이 부분이 자석으로 처리되어 있어 뚜껑을 열고 닫을 때 편리하다."

해피콜의 자회사인 클렘본에서 제조한 가정용 청소용품 캐치맙
주방용품을 전문으로 생산하는 해피콜은 국내 대표적인 제조업체 중 하나다.
탠저린은 해피콜에서 새롭게 내놓은 가정용 청소용품 캐치맙 걸레의 디자인
작업에 참여했다. 전 세계의 시장이 서비스 기업으로의 일대 전환을 맞이하는
가운데, 제조업체인 해피콜은 디자인 경영으로 당당히 승부해 내수 시장뿐만
아니라 수출 시장에서도 성공을 거두었다.

는 평과 함께, 이 손잡이로 "압력을 일정하게 유지시켜 조리의 효율을 높였다."는 전문가들의 평가도 받아 냈다.

스스로 완벽하다는 생각이 들 때 비로소 제품을 출시하는 이들의 완벽주의적인 작업을 옆에서 지켜보고 나는 꽤 놀랐다. 누구도 근사하다고 생각하지 않았던 이들의 작업에 감동을 받은 나는 해피콜이라는 회사와 미래의 디자인 비전까지 공유하는 관계가 됐다.

내가 걸레 디자인 작업에 참여했다는 소식에 혹자는 "항공기 좌석부터 걸레까지, 모든 걸 디자인하는 디자이너"라고 부르기도 했다. 나는 항공기 디자인이기 때문에 멋지고, 걸레 디자인이기 때문에 초라하다는 건 일종의 편견이라고 생각한다. 디자이너는 보기 좋고 근사한 것을 디자인하는 사람이라는 생각에 나는 반대한다. 디자인의 전부처럼 보이는 '아름다움'의 기준은 시대에 따라 변한다. 지금은 미니멀한 디자인이 유행하고 있고 이것이 좋아 보이지만 수십 년 후에는 클래식하고 장식적인 것이 더 가치 있게 느껴질 수도 있다. 이건 촌스러운 디자인, 이건 세련된 디자인 등으로 나누는 건 교육이 심어 준 선입견일 뿐이다. 가장 중요한 건, 또한 바뀌지 않는 건 사용자에게 최고의 만족과 최상의 경험을 안겨 줄 수 있는 디자인에 대한 가치를 추구해야 한다는 것이다. 그것이 디자인의 본질이다. 그 대상이 비행기가 됐든, 걸레가 됐든 말이다.

누군가 내게 왜 걸레를 디자인했냐고 물을 때마다 나는 이렇게 대답하곤 한다. 그것이 비행기가 됐든 걸레가 됐든 내게 중요한 건 얼마나 근사한 것을 디자인하는가가 아니라 세계 1등 제품을 함께 만들어 가는 데 참여하고 싶다고 말이다. 그리고 이런 자부심의 밑바탕에는 우리나라 제조업과 제조업 디자인에 대한 응원의 메시지가 담겨 있다.

강한 중소기업이란 그 분야에서만큼은 세계 최고라고 말할 수 있는 회사다. 그리고 2등인 기업을 1등으로 만들어 가는 과정에서 디자인은 당신이 상상하지 못한 큰 역할을 할 것이다.

2

디자이너의
크리에이티브 전략

foresight
creator

자신만의 방법론에 우선순위를 두어라

정원을 가꾸면서 얻은 깨달음

영국 사람들은 정원에 대한 애착이 남다르다. 이들은 집만큼이나 정원을 가꾸는 데에도 시간과 노력을 투자한다. 처음 런던에 집을 마련했을 때의 기억이 아직도 생생한 건 바로 그 정원 때문이었다. 나는 우연히 정원 넓은 집에 반해 덜컥 계약을 해 버렸다. 그러나 내 선택이 잘못됐다는 걸 깨닫기까지는 그리 오랜 시간이 걸리지 않았다. 그 후 우리 가족은 주말마다 만사 제쳐 두고 정원에 매달려야 했고, 그럼에도 불구하고 노하우 부족과 게으름 때문에 정원은 점차 황폐화됐다. 영국의 문화를 담는 곳이라 믿었던 정원이 마음의 큰 짐이 되었던 것이다.

예상했던 대로 이웃들은 정원을 가꾸지 않고 내버려 두는 우리 부부에게 걱정 어린 조언을 했다. 나는 잦은 출장 중에도 가족보다 무성하게 자라나는 정원의 잡초를 걱정하는 지경에 이르렀다. 설상가상으로 놀러 온 조카들이 옆집 노부부의 정원 근처에서 줄넘기를 하다가 그들이 애지중지하는 장미를 줄넘기 줄로 모조리 끊어낸 이후에는 더욱 좌불안석이 됐다.

그러던 어느 날, 도저히 이렇게는 살 수 없다는 생각이 들었다. 나는 모든 것을 바꾸기로 했다. 나만의 방법으로 정원을 관리해야겠다고 결심했던 것이다. 주위의 한국 교포들도 내게 이런저런 조언을 해 주었는데, 그 중 하나가 바로 정원을 밭으로 바꾸는 것이었다. 시골에서 자랐기에 정원 잔디를 관리하는 것보다 채소밭을 관리하는 것에 더 자신이 있었다. 나는 한국에서 공수해 온 파, 깨 등의 씨앗을 정원에 심기 시작했다. 그리고 몇 번의 시행착오를 거쳐 드디어 보기 좋고 실용적인 채소밭을 만들어 냈다. 나만이 할 수 있는 방법으로 가꾼 나만의 정원은 이웃들에게 일대 화제가 됐다.

이처럼 인생을 어떻게 이끌어 가느냐 하는 것은 작은 판단이 모여 좌우한다. 그리고 그 판단의 바탕에는 "나만의 방법으로 차별화하자."는 명제가 중요하다. 이건 내가 지금 탠저린의 디자이너이자 공동 대표로 일할 수 있게 만든, 지금까지의 인생을 이끌어 온 가장 중요한 동력이다.

런던에서 살던 집의 정원

넓은 정원에 반해 덜컥 집을 마련했지만, 우리는 이 집에서 살면서 정원을
가꾸는 일이 만만치 않다는 사실을 깨달았다. 정원을 방치해 두는 것도
마음의 짐이 되었던 나는 정원을 아예 채소밭으로 바꾸어 관리했다.

내 인생의 차별화 전략

내가 디자인을 전공하기로 결정한 것도 스스로를 차별화하고자 하는 고민에서 시작한 것이다. 초등학교 선생님이면서 화가였던 아버지를 보면서 자란 나는 어릴 때부터 화가의 꿈을 키웠다. 그러나 누구나 예상할 수 있는 이유로 집안의 반대에 부딪쳐야 했다. 고등학생 때까지 성적이 아주 뛰어난 우등생도 아니었다. 내가 좋아하는 일을 하면서도 집안을 설득하고 지지를 얻기 위해 오랜 시간 고민하던 나는 디자인이라는 결론과 만나게 됐다. 당시 디자인은 전혀 주목 받는 분야가 아니었다. 지방 학생들은 대부분 공무원이 되거나, 선생님이 되거나, 큰 회사에 취직하는 것이 꿈이었으니까. 나는 남들이 보지 않았던 것을 보았다.

삼수 끝에 홍익대학교 산업디자인과에 입학한 이후에도 나의 차별화 고민은 계속됐다. 대학에 들어가 보니 내 미술 실력은 아무것도 아니었다. 당시 미대 학생들의 실기 능력은 정점에 달했고, 난 그 가운데 어중간한 실력을 가진 한 명이었을 뿐이었다. 그렇다면 나는 무엇을 해야 할지 고민했고, 남들이 하지 못하는 경험으로 희소성을 갖는 것이 답이라는 결론을 내렸다. 그래서 대부분의 학생들이 미국으로 유학을 가던 시절이었음에도 불구하고 유럽으로 눈길을 돌렸다. 그리고 런던의 로열 칼리지 오브 아트(Royal College of Art, RCA)

에 입학했다. 남들이 하지 않은 것을 실행한 것이다.

우여곡절 끝에 탠저린에 디자이너로 입사한 후에도 나의 고민은 끝나지 않았다. 친절함과 냉정함이라는 두 얼굴을 가진 영국인들과 함께 회사 생활을 한다는 것이 처음부터 그리 쉬운 일은 아니었기 때문이다. 감성을 논리로 전달해야 하는 디자인 분야에서 영국인을 설득한다는 것도 힘든 일이었다. 국경과 시대를 막론하고, 신입은 자신의 역량을 회사에 증명해 보여야 한다. 고등학교 때부터 줄기차게 연습한 드로잉 실력과 당시 다른 사람들보다 조금 앞서 있던 컴퓨터 프로그램을 다루는 능력이 나의 장점이 될 거라고 믿고 있었다.

그러나 그건 나만의 착각이었다. 내가 잘한다고 생각했던 것들이 그들에게는 장점이 아니었다. 그들은 이런 생각을 갖고 있는 내게 "생각이 중요하지, 그림이 중요한가?"라고 되물었다. 어떻게 발상하고 어떻게 정리하는가가 중요할 뿐, 스킬은 그저 도구라는 것이었다. 한국에서는 충분히 인정받을 수 있는 능력이 이들에게는 아무것도 아닌 상황이었다. 매우 당황스러웠다.

동료 중 누군가는 이런 이야기를 한 적도 있었다. "우리도 1970년대에는 너처럼 했었다." 그건 사실이었다. 한국에서 우리가 디자인 스킬을 배울 때 본 책들이 대부분 영국에서 1970~1980년대에 나온 것들이 많았기 때문이다. 영국은 이미 거기에서 벗어나 좀 더 진지한 관점에서 디자인을 고민하고 있는 반면, 당시 우리는 여전히 영국과 일본의 옛것을 답습하고 있었다는 이야기다. 물론 그런 말을 직설적으로 들을 때면 무력해지곤 했었다. 게다가 이들의 주장에 받아치기에는 내 영어 실력이 너무 형편없었다.

하지만 거기서 멈출 수는 없었다. 나는 한국인 특유의 근성을 발휘해 회사 생활을 했다. 모델 만드는 일, 자료 찾는 일 등 동료들이 나서지 않는 궂은일들을 도맡아 했다. 누구보다 일찍 왔고, 누구보다 내가 속한 조직에 진심의 애정을 보였다. 내가 맡은 일을 열심히 했던 건 물론이다.

자신의 역량을 정확하게 파악할 것

어떤 분야에서 자신의 능력을 제대로 발휘하기 위해 가장 우선시해야 하는 것은 내가 가진 능력이 무엇인지 정확하게 판단하는 것이다. 나는 그 판단이 지금의 나를 만들었다고 믿고 있다. 내가 잘하는 건 '버티기'였고, 못하는 건 '발상'과 '영어 회화'였다. 겸손이 아니다. 나는 문화적인 경험이 한국 디자이너들과는 비교도 안 될 만큼 풍부한 이들을 보면서 늘 자극받고, 노력하면서 버텼다고 자부한다. 1년 전의 나와 1년 후의 나는 달라야 한다고 생각했다.

이는 다른 디자이너들에게도 공통적으로 적용되는 진리일 것이다. 만약 디자이너 다섯 명의 장단점이 모두 다 비슷하다면, 아쉽지만 이들의 디자인은 죽은 디자인이다. 디자이너는 자신이 무엇을 잘하고, 무엇을 못하고, 무엇을 극대화하고, 무엇을 지속적으로 발전시켜 나갈 것인지 끊임없이 고민해야 한다. 게다가 당시의 판단으로 최고라고 느꼈던 것이 10년이 지나면 최고가 아닐 수도 있기 때문에 그 고민의 끝은 없다. 전쟁의 전술과 양상이 바뀌면 그 전에 믿었던 것들이 전부 다 흔들리는 것처럼 말이다.

나는 지금도 나의 전문성과 희소성이 무엇인지 항상 고민한다. 탠저린에서 일해 온 지난 15년 동안 정말이지 많은 유혹이 있었다. 델(Dell) 컴퓨터의 마이클 델 회장이 디자인을 전략적으로 강화하고 싶다는 말과 함께 직접 이직을 제안하기도 했고, 한국 대기업의 고위급 임원 자리로 종종 스카우트 제의를 받기도 했다. 심지어 대기업의 공동 투자 아래 런던에 새로운 디자인 회사를 창업해 보라는 제안도 있었다. 하지만 나는 지금 탠저린에 남아 있다.

물론 그때나 지금이나 이들 회사에 비하면 탠저린은 대단한 회사가 아니다. 그러나 나는 한 번도 흔들린 적이 없었다. 디자이너로서 탠저린에서 경험하는 것들이 내게는 가장 소중한 자산이라고 생각했기 때문이다. 디자인의 종주국인 영국의 대표 디자인 회사 중 하나로 기술과 노하우만 습득한 것이 아니라 150년 역사를 가진 영국 디자인의 뿌리 깊은 전통과 가치까지 습득할 수 있는 기회를, 탠저린이 내게 준 것이다.

물론 지금은 그 당시와 상황이 많이 다르다. 한국의 우수한 디자이너들이 이제 유럽에서도 좋은 평가를 받고 있고, 자신의 자리에서 제 몫을 훌륭하게 해내고 있다. 나보다 우수한 후배들이 곳곳에서 큰 역할을 하고 있는 덕분에 탠저린에 입사하면서부터 가졌던 내 역할과 책임감에 대한 부담에서 조금 가벼워진 것도 사실이다.

누군가는 유럽과 한국의 디자인 격차를 줄이는 매개체 역할을 해야 한다고 생각한다. 나 역시 계속 이 자리에서 버텨 오면서 그 역할을 해 왔고, 그것이 지금 나의 차별화 전략이 됐다. 맨 처음 나의 꿈은 소박하게도 '오래 살아남기'였다. 그러나 꿈은 계속 발전하고 진화한다는 걸 나는 오늘도 절실하게 깨닫고 있다.

파트너십과 네트워크를 구축하라

탠저린의 열린 협업 시스템

탠저린은 지난 2004년 영국의 디자인 회사로는 최초로 아시아 지사를 두고 한국에 진출했다. 당시 탠저린은 그 시작을 알리는 오프닝 행사를 다름 아닌 한국 주재 영국 대사관에서 진행했는데, 이는 꽤 큰 화제가 되었다. 외교적 목적이 아닌 일반 기업을 위해 보안이 엄격한 대사관이 행사장을 내준다는 건 무척 고무적인 일이었다.

이것이 가능했던 것은 탠저린의 한국 진출이 비단 탠저린만의 일이 아니었기 때문이다. 탠저린이 한국에 진출한다는 것은 탠저린과 10년 이상 파트너십을 맺고 일해 온 여러 회사들이 함께 한국에 진출한다는 것임을 영국 대사관은 잘 알고 있었다.

탠저린은 현재 3개의 스튜디오와 45명 정도의 직원을 보유한, 유럽에서도 비교적
큰 규모에 속하는 디자인 컨설팅 회사다. 우리는 인간 공학, 컬러와 소재, 사용성 테스트
등을 전문으로 하는 회사와 지속적인 파트너십을 맺어 중요한 일을 함께하고 있다.

지금도 탠저린은 4~5개의 회사들과 지속적인 파트너십을 맺고 중요한 일을 함께하고 있다. 예를 들어 웨스트 식스 스튜디오(West 6 Studio)는 재료와 색상, 마감에 관한 컨설팅을 주로 하는 업체인데, 가장 큰 민간 항공기 제작업체 에어버스(Airbus)의 A380 내부 소재와 컬러를 담당하기도 한 베테랑이다. 그리고 데이비스 어소시에이츠(Davis Associates)는 인간 공학 기반의 디자인 컨설팅을 전문으로 하는 회사다. 인간 공학 테스트란 제품을 디자인하고 개발했을 때의 사용성 테스트를 말하며, 주로 소비자의 입장에서 무엇이 불편한지, 기존의 제품에서 얻은 경험을 어떻게 새 제품에 적용시킬 것인지 등의 문제를 다룬다. 디자인 전략을 만들고 효율적으로 적용할 수 있도록 컨설팅해 주는 '디자인계의 매킨지' 같은 회사와도 관계를 맺고 있다. 그 외에도 연락망만 갖고 업체끼리 연결해 주는 것을 전문으로 하는 회사도 있다. 말 그대로 디자인이라는 지붕 아래 다양한 회사가 존재하는 것이다.

탠저린은 지난 몇 년 사이 규모가 많이 커져 현재 런던과 서울, 브라질에 있는 3개의 스튜디오에 45명 정도의 직원이 일하고 있으며, 유럽에서도 큰 규모에 속한다고 볼 수 있다. 보통 유럽의 디자인 업체는 5~6명의 디자이너로 꾸려진 경우가 많다. 작은 규모의 회사들이 업무의 범위를 확장시켜 규모와는 상관없이 다양한 일을 할 수 있는 건 바로 파트너십과 네트워크를 잘 활용하기 때문이다. 탠저린

과 파트너십을 맺고 있는 회사들의 인원을 모두 합쳐 100명이라고
했을 때, 같은 규모로 내부 인원으로만 움직이는 디자인 회사보다
우리가 훨씬 큰 수익을 만들어 내고 있다. 또한 거대한 규모를 유지
하기 위해 비용과 에너지를 들이지 않는 대신, 전문적인 지식과 정
보를 끌어모으는 데 집중력을 발휘하는 것도 가능하다. 이들과의 네
트워크는 곧 오랫동안 경험으로 쌓은 응축된 노하우를 프로젝트에
그대로 적용시킬 수 있는, 말하자면 최고의 전문가 집단과의 협업과
다름없다.

규모를 이기는 전문성

영국항공 프로젝트가 바로 파트너십과 네트워크를 효과적으로 활
용한 가장 좋은 예다. 30여 개 디자인 회사를 꼼꼼하게 검토하던
영국항공은 결국 탠저린과 글로벌 디자인 컨설팅 업체인 아이디오
(IDEO)를 놓고 갈등했다. 당시 탠저린은 10명 남짓한 직원이 일하는
작은 회사였던 반면, 아이디오는 직원만 해도 400명에 육박하는 큰
회사였다. 겉으로 보자면 상대도 안 될 것 같은 탠저린이 아이디오
와의 대결에서 승리할 수 있었던 것은 바로 전문성 때문이었다고 생
각한다. 아이디오는 인간 공학 분야를 간과했지만 탠저린은 인간 공

항공기 디자인 컨설팅 회의
세계 굴지의 항공사로부터 의뢰를 받아 독일 함부르크의 한 항공기
제조사에서 파트너 회사들과 함께 회의를 진행하고 있다.

학을 바탕으로 안전과 보안을 충분히 확보한 결과물을 내놓았다. 탠저린은 그 분야 최고의 전문가라 할 수 있는 파트너 회사와 탄탄하게 다져 온 네트워크에 기반해 경쟁력을 확보했고, 영국항공도 이를 인정한 것이다.

지금도 종종 그런 생각이 든다. 과연 우리나라에서도 10명 규모의 작은 회사가 400명 규모의 큰 디자인 회사를 이겨 내고 이런 중요한 프로젝트를 성공적으로 이끌 수 있었을까? 아마도 프로젝트를 성공시키기는커녕 아예 시도할 수 있는 기회조차 얻지 못했던 것은 아니었을까?

요즘도 한국 기업의 관계자들을 만날 때면 두 가지 질문을 가장 많이 받는다. 회사 직원이 몇 명인지, 그리고 연간 매출이 얼마나 되는지. 그러고는 이 두 가지 질문에 대한 답으로 회사를 평가해 버리기 일쑤다. 심지어는 프라이버시에 속하는 질문인 디자이너에게 월급을 얼마나 주는지를 묻는 경우도 있다. 나는 영국에서 수많은 클라이언트를 만나 왔지만 그런 질문을 받은 적은 단 한 번도 없었다. 회사의 규모보다는 그 동안 진행해 온 작업의 포트폴리오, 프로젝트 성과, 대내외의 평판과 신뢰도 등을 더 중요하게 보기 때문이다.

물론 영국의 디자인 업체들이 네트워크를 적극 활용하게 된 데에는 영국의 내부적인 산업 환경의 영향도 크다. 영국은 지금까지 서너 번의 금융 위기를 거쳤다. 언젠가 나의 파트너(탠저린 공동 대표 마틴 다비셔)는 초등학교 시절 가장 즐거웠던 때가 전기가 끊겨 학교에 가지 않았을 때라고 이야기한 적이 있다. 물론 이 말은 1998년 내가 탠저린에 입사한 직후 한국의 금융 위기 소식에 침울해 하는 나를 격려하는 차원에서 한 이야기였지만, 학교에 전기가 끊길 만큼 어려운 시절을 여러 번 겪어 온 영국의 기업들은 지금도 보이지 않는 외부의 위협에 항상 준비하고 있다. 지난 9·11 테러 이후 미국의 대규모 회사들이 문을 닫은 반면, 작은 규모로 내실 있게 움직이던 유럽, 특히 영국의 작은 회사들은 이런 외부 상황에 큰 영향을 받지 않고 비교적 수월하게 살아남을 수 있었던 사실을 기억해 본다면 그것이 꽤 현명한 판단이었음을 알 수 있다.

한국의 CEO들에게 디자인 경영을 함께할 디자인 회사를 선택할 때 제발 규모만 따지지 말고 작은 회사들에게도 기회를 주라고 강조하는 이유도 바로 그것이다. 영국항공이 규모를 중요하게 생각했다면 탠저린이 이루어 낸 디자인 혁신은 존재할 수 없었을 것이다. CEO가 회사 내부에서 디자인 조직을 운영하고자 할 때에도 마찬가지다. 제조업은 단가를 낮추고 가격 경쟁에서 우위를 점하기 위해서라도 규모 경쟁이 필요하지만, 디자인과 같은 서비스 분야는 특별한 경쟁력 없이 몸집만 불리다가는 위협에 노출될 수 있는 요소만 많아질 뿐이다. 규모를 일정하게 유지하고 안정적으로 운영하면서 소화할 수 있는 업무의 역량을 늘리는 것이 훨씬 더 중요하다.

이는 CEO뿐만 아니라 디자이너들에게도 공히 적용되는 조언이다. 네트워크를 적극 활용하라고 하는 이유는, 자기 자신의 능력은 역량이 다른 이들의 전문성을 만났을 때 훨씬 더 커질 수 있기 때문이다. 본인이 가진 능력을 1이라고 했을 때 다른 전문가들과 파트너십을 형성하면 금방 5가 될 수 있다. 규모와 깊이라는 두 마리의 토끼를 잡는 것이 가능하다는 이야기다. 다양한 분야의 사람들을 만나 그들의 전문 지식을 보고 들으며 이를 자신의 업무와 어떻게 연관 지어 활용할 수 있을 것인가를 고민하는 것은 디자이너에게 매우 중요한 문제다. 다양한 분야의 책을 읽고, 다양한 경험을 하는 디자이너가 훨씬 더 스스로를 발굴하고 성장할 기회가 많은 것은 당연하다. 또한 파트너 회사들의 전문성을 배우고 익히며 자신의 것으로 만들 수 있는 절호의 기회이기도 하다.

파트너십 맺기를 두려워하지 마라

종종 한국의 디자인 회사나 디자이너들이 누군가와 파트너십을 맺는 것 자체에 거부감을 느낀다는 생각이 들 때가 많다. 파트너 회사들과 갈등이 생길 땐 어떻게 해결하느냐는 질문을 받기도 한다. 그러나 생각해 보라. 남녀 사이에도 내 취향에 100퍼센트 들어맞는 완벽한 파트너는 있을 수 없다. 하물며 한 회사와 한 회사가 만나서 일하는데 갈등이 없다면 그것이 오히려 이상한 일이 아닐까? 작은 시행착오를 걱정해서 시도조차 하지 않는 것보다는 거시적인 안목으로 일찍 경험해서 자신의 상황에 맞는 노하우를 터득하는 쪽을 권하고 싶다. 이때 염두에 두어야 하는 것은 스스로 살아남기 위해 열린 마음, 열린 프로세스, 열린 시스템을 가져야 한다는 것이다.

파트너십 맺기를 두려워한다는 건 현재 한국 디자인 업계의 문제점과도 일맥상통한다. 해외에 비해 디자인의 역사가 짧기 때문에 생기는 현상이기도 하지만, 한국의 디자인 업계는 사업 트렌드에 특히 민감한 것 같다. 예컨대 한동안 서울시가 공공 디자인에 주력했을 때에는 대부분의 회사가 너나 할 것 없이 공공 디자인 전문 기업이 되었다. 그 후 공공 디자인이 장기적인 안목을 갖지 못한다는 평가를 받으며 각 지자체에서 예산을 줄이자 일부 공공 디자인 전문 회사들은 다시 서비스 디자인 전문 회사로 탈바꿈했다.

국내 디자인 시장의 규모가 크지 않고, 많은 디자인 전문 회사들이 정부 프로젝트에 의존하는 상황이기 때문에 어쩔 수 없이 정부 정책에 따라 변신해야 하는 것도 사실이다. 그러나 이렇게 급격한 변화의 과정에서 손해 보는 것은 결국 디자이너와 디자인 업체다. 오랫동안 한 분야에서 전문성을 쌓아 인정받을 수 있는 기회 자체를 상실해 버리기 때문이다.

그런 점에서 디자이너에게 파트너십의 중요성은 더욱 커진다. 네트워크가 디자인 시장을 바꾸는 데 큰 역할을 할 것이라 믿기 때문이다. 한국디자인진흥원의 통계 조사에 따르면 2010년 디자인 관련 학과의 졸업생 수는 2만 5천 명 정도 되고, 이들의 평균 취업률은 절반에 못 미치는 44.7퍼센트라고 한다. 일반 기업이나 디자인 전문 회사에서 종사하는 디자이너의 수는 평균 5명을 넘지 못한다고 하니 디자이너 지망생들이 안정적인 일자리를 얻는 것은 그리 쉬운 일이 아니다. 나는 한 사람의 디자이너로서, 능력 있는 디자이너 지망생들이 디자인을 포기하거나 전업하는 걸 원하지 않는다. 이런 디자이너들이 일할 수 있도록 디자인 분야의 다양한 회사가 생기는 등 활동 영역과 매트릭스가 튼튼해져야 한다고 생각한다. 그러면 디자인 관련 업무가 세분화되는 동시에 전문화되기 때문에, 이들이 함께 모여 일할 때에는 상상하지 못한 큰 시너지를 목격할 수 있을 것이다.

디자인 산업을 다른 사람의 손에 맡겨 결정되기를 수동적으로 기다리기보다는 능동적으로 시장의 상황을 바꾸기 위해 노력하는 것은 디자이너들의 몫이다. 신뢰에 바탕을 둔 파트너십과 이로써 견고하게 쌓아 올린 네트워크는 디자이너들에게 든든한 지원군이 될 것이다.

디자인은 언제나
제로에서 시작한다

창의적인 일은 매번 새로운 산을 오르는 일

언젠가 우연히 한 잡지에서 어느 배우의 인터뷰를 읽으며 크게 공감한 적이 있다. 그는 이런 질문을 받았다. "등산을 하고 있다고 가정해 봅시다. 당신은 지금 그 산의 어디쯤 와 있다고 생각합니까?" 그러자 그 배우는 이렇게 대답했다. "우리는 하나의 산에만 오를 수가 없습니다. 매번 다른 산을 올라갔다 다시 내려오는 일을 계속 반복하고 있지요. 매번 다른 작품에 임할 때마다 처음부터 다시 시작해야 하니까요."

나는 그의 인터뷰를 보고 창의적인 일을 하는 사람들의 숙명이란 배우든, 디자이너든 모두 비슷하다는 생각이 들었다. 매번 다른 작품에서 다른 역할을 맡아야 하는 연기만큼이나 디자인도 힘든 작업이다. 제조업처럼 공식 같은 기술과 생산 시장만 있으면 한 번 궤도에 오른 후 계속 유지할 수 있는 업무가 아니기 때문이다. 디자인은 무슨 일이든지 항상 제로에서 시작한다. 이전 프로젝트가 성공했다고 해서 다음 프로젝트가 반드시 성공한다는 보장이 없다. 어제의 성공이 오늘의 성공으로 이어지지 않는다는 사실은 디자인이 만만한 작업이 아니라는 것을 보여 주는 단적인 예다.

흔히들 디자인도 무에서 유를 창조하는 일이라고 한다. 하지만 여기서 더 힘든 건, 온전히 디자이너만의 창조성을 발휘하는 것으로 일이 끝나는 게 아니라 클라이언트의 영향을 받을 수밖에 없다는 점이다. 탠저린도 프로젝트를 진행하는 도중에 실패하는 경우가 있다. 주로 의사 결정자가 바뀌면서 방향이 완전히 바뀌어 버리는 경우다. 앞의 과정을 무시한 채 바뀐 방향에 따라서 처음부터 작업을 다시 시작하기는 어렵다.

1부에서 언급한 디자인 철학과 전략이 중요한 것도 바로 이런 이유 때문이다. CEO가 바뀌어도 기업에서 디자인의 일관성과 지속성을 유지할 수 있도록 3년에서 5년 정도 적용할 수 있는 공고한 디자인 철학이 구축되어 있어야 한다. 즉 디자인 철학과 전략은 디자이너가 창의적인 업무를 계속할 수 있게 해 주는 최소한의 방어 장치이자 가장 근본적인 조건이라고 할 수 있다.

때로는 협상과 절충도 필요하다

가끔 클라이언트들이 디자인 업체를 진정으로 믿지 못해서 실패하는 경우도 있다. 당연히 알아야 하는 결정적인 정보를 디자이너와 공유하지 않는 것이다. 클라이언트가 자신들이 갖고 있는 정보를 자체적으로 걸러 전달한 후에 디자인을 의뢰하는 경우, 디자이너 입장에서는 그 판단의 근거를 알 수 없고 문제에 대한 창의적인 대안을 찾기도 어렵다. 따라서 디자이너는 클라이언트가 공유하지 않은 정보가 무엇인지 모두 파악해서 이를 알아내야 하는 임무가 있다. 이를 디자인에 반영할 수 있을 만큼 클라이언트와 밀착해서 일해야만 기대하는 만큼의 창의적인 결과물을 얻을 수 있다.

그러나 아무리 일사천리로 순조롭게 진행된 작업이라고 해도 마지막 단계에서는 협상과 절충을 해야 한다. 어떤 디자인 결과물이든 100퍼센트 디자이너가 원하는 방향으로 나오는 경우는 전 세계를 막론하고 없다고 보면 된다. 디자이너가 자신의 철학을 지키는 것은 좋으나, 클라이언트와 협업할 때에는 자신이 원하는 것을 고집스럽게 주장하기보다는 조금 양보하더라도 클라이언트와 함께 만족할 수 있는 결과물을 내놓아야 한다.

이를 위해서 디자이너에게는 취할 것과 버릴 것에 대한 명확한 판단이 필요하다. 탠저린은 2010년부터 히드로 익스프레스(Heathrow

Express)의 일등석 열차 내부를 디자인한 적이 있다. 클라이언트는 2012년 런던 올림픽을 앞두고 최상의 서비스를 제공하고자 하는 목표를 내세웠다. 우리는 의자 개수를 22개로 계획했는데 히드로 익스프레스 쪽에서는 24개의 의자를 넣자고 주장했다. 의자 두 개가 별 것 아닌 것처럼 보일 수 있지만, 의자 두 개의 유무가 전체의 분위기를 좌우할 수 있기 때문에 쉬운 문제는 아니었다. 하지만 운수 회사의 입장에서 의자 두 개는 곧 태울 수 있는 승객의 수, 그리고 수익과 직결되는 문제였다. 결국 기본적인 포맷은 우리가 애초에 계획한 대로 지켰지만, 의자는 그들의 주장대로 24개를 설치하면서 프로젝트를 성공적으로 마무리할 수 있었다.

클라이언트가 바라는 것을 수용했다고 해서, 디자이너가 한 발 양보했다고 해서 그 결과물이 창의적이지 않다고 말할 수 있을까? 그렇지 않다. 집중과 선택의 과정에서 오히려 창의적인 디자인이 도출될 수 있다. 나는 개인적으로 이쪽이 더 프로페셔널한 디자이너라고 생각한다.

중세 기사보다는 몽고 기병처럼

끊임없이 창의적인 업무에 매진해야 하는 디자이너들에게 나는 스

영국 히드로 공항에서 런던 중심부인 패딩턴 역을 잇는 히드로 익스프레스는 2012년 런던
올림픽을 앞두고 열차의 객실 디자인을 개선하고자 했다. 탠저린에게 디자인을 의뢰한 히드로
익스프레스는 한 객실당 24개의 의자를 넣을 것을 요구했는데, 우리가 초기에 계획한 것은 22개의
의자를 배치한 디자인이었다. 객실 디자인에서 의자 두 개의 차이는 전체 분위기를 좌우하는
문제였지만, 우리는 운수 회사의 입장을 고려해 클라이언트의 요구를 받아들였다.

스로를 너무 가혹하게 다루지 말라고 충고한다. 모든 분야의 전문가들이 그런 편이지만, 특히 디자이너들은 자존감이 매우 강하다. 그래서 자신이 주장하는 바가 관철되지 않거나 무너지면 자신의 모든 디자인 가치가 무너진다는 생각을 하는 것 같다. 죽기 살기로 매달리거나 쓸데없이 고집을 부린다는 생각이 드는 경우가 있는데 바로 이런 이유 때문일 것이다.

그러나 나는 디자이너라면 창의적인 사고를 위해서라도 마음을 조금 가볍게 가져갈 필요가 있다고 생각한다. 중세의 기사처럼 이것저것 모든 걸 방어하면서 디자인하는 디자이너들도 많다. 그렇게 되면 제 무게에 지쳐 창의적인 발상은커녕 멀리 가지도 못한다. 민첩하고도 임팩트 있게 공격하는 몽고 기병이 되어야지 온몸에 갑옷을 두른 중세 유럽의 기사가 되어서는 곤란하다.

시장 상황은 창의적인 발상에 대한 디자이너들의 생각 자체를 바꾸길 요구하기도 한다. LG전자 휴대폰 사업부의 역사는 삼성전자에 비해 길지 않은데, 탠저린은 LG전자 휴대폰 사업부의 디자이너가 10명도 안 될 때부터 협업해 왔다. 당시만 해도 기존 시장에 많은 제품이 출시되지 않은 상황이었기 때문에 조금만 고민해도 시장에서 완전한 차별화를 이루며 고객의 이목을 집중시킬 수 있었다. 그러나 그 후 LG전자의 휴대폰 사업부 디자이너가 10배 이상 많아진 시점부터는 기존에 비해 디자인에 파괴력 있는 창의성을 구현하기가 점점 어려워졌다. 수백 명의 디자이너들이 유사한 고민과 관심을 가지고 매일 엄청나게 많은 디자인을 생산해 내기 때문이다.

요즘처럼 세계의 소비자들이 공통된 트렌드를 공유하는 상황에서는 디자인을 통해 새로운 창의성을 표현하기가 쉽지 않다. 낯선 제품은 시장에서 관심을 끌기가 용이하지만 상대적으로 시장에서 이미 성숙한 제품은 대중들의 관심을 끌어 매료시키기 어렵기 때문이다. 마치 의자라는 아이템이 긴 역사에 걸쳐 너무나 일상화되었기 때문에 웬만해서는 창의적인 디자인이라는 평을 받기 어려운 것처럼 말이다.

그러나 우리가 한 가지 기억해야 할 것이 있다. 일본의 디자이너 요시오카 도쿠진(吉岡德仁)은 창의적인 형태에 집착한 것이 아니라 창의적이라는 것의 문법 자체를 바꾼 대표적인 사례다. 그가 만든 유명한 의자가 몇 개 있다. 깎고 다듬어 만든 것이 아니라 물속에서 미네랄을 함유한 천연 크리스털을 증식시켜 만든 의자 비너스(Venus)가 있고, 접으면 납작한 평면이 되고 좌우로 늘리면 입체가 되는 벌집 구조로 만든 종이 의자도 있다.

결국 디자인에서는 오리진보다는 그 오리진이 어떻게 잘 승화되고 진화되었는가가 더욱 중요하다. 그 진화의 과정이 아마도 창의적인 업무의 가장 중요한 핵심이 아닐까 한다.

작은 디테일이
큰 차이를 만든다

90퍼센트의 완성도를 넘어서게 하는 디테일의 힘

얼마 전 나는 중국의 경영인 왕중추(汪中求)가 쓴 『디테일의 힘』이라는 책을 읽었다. 디테일이 개인과 기업, 국가의 경쟁력에 결정적이라는 것이 주요 골자였다. 사실 몇 년 전 "작은 차이가 명품을 만듭니다."라는 카피가 유행했듯이 우리도 이미 디테일의 힘을 입버릇처럼 말해 왔지만 이를 실현하는 데는 아직 익숙하지 않은 것 같다. 디테일의 힘은 완성도를 결정한다. 그리고 그 위력은 디자인 분야에서는 더욱 극대화된다.

한국 사회의 발전상과 마찬가지로 한국의 디자인이 최근 급속도로 발전하기까지 모두가 노력한 건 두말할 나위 없는 명백한 사실이다. 그러나 냉정하게 말하자면 지금까지는 그리 어려운 과정이 아니었다. 해외 선진국들과 비교했을 때, 우리가 이룬 건 90퍼센트 정도다. 누구나 먼저 그 길을 걸은 사람들의 과정만 잘 따라 해도 90퍼센트까지는 갈 수 있지만, 문제는 그때부터다. 90퍼센트를 넘어서는건 90퍼센트까지 이루기 위한 과정보다 더 힘들 수 있기 때문이다. 나머지 10퍼센트를 좌우하는 것, 100퍼센트를 완벽하게 채우는 데 가장 필요한 것이 바로 디테일이다.

디테일로 완성한 한국형 주거 공간

나는 지난 6년 반 동안 삼성물산 건설 부문 주택사업부의 디자인 고문으로 활동해 왔다. 이 일을 맡기 전까지는 나조차도 다른 경쟁 브랜드와 래미안의 차이가 무엇인지, 그리고 그 차별점이 고객들에게 어떤 혜택을 주는지 판단하기 힘들었다. 그러나 건설 회사들은 스스로를 차별화할 수 있는 디테일, 브랜드로 이어질 수 있는 디테일을 일찍부터 찾아 나서기 시작했다. 그 결과 획일화된 평면으로 비난받던 아파트는 디테일 측면에서 괄목할 만한 성장을 보여 주었다. 친환경 소재를 사용하거나 주방 가구의 상판을 액상 대리석으로 설치하는 등 새로운 소재와 제품을 활용함으로써 좀 더 개선된 디테일을

래미안 아파트의 문주 디자인

내가 삼성물산 건설 부문 주택사업부의 디자인 고문으로 활동하는 동안
작업했던 래미안의 문주 디자인이다. 건설 회사들은 스스로를 차별화할 수
있는 디테일과 브랜드 이미지로 이어질 수 있는 디테일을 찾아 나섰고, 아파트
문주와 같은 요소에서도 래미안만의 이미지를 부여하고자 노력했다.

추구하고 있다. 한국의 아파트가 겉으로만 번지르르할지 모르지만 속은 형편없어서 절대 명품은 될 수 없다는 인식을 점차 바꾸어 가고 있는 것이다.

아파트 실내 공간의 크기는 '제로섬의 법칙'이 적용된다. 수십 년 동안 건설 회사가 아파트를 짓는 방식은 단지 거실을 넓혔다가, 주방을 넓혔다가, 방의 개수를 늘리고 줄이는 정도로만 변화해 왔다. 당연히 한 곳이 넓어지면 다른 곳은 좁아질 수밖에 없는 상황이었다. 디테일의 힘은 이런 한계적 상황에서 빛을 발한다. 먼저 고객을 면밀히 관찰하는 것에서 디테일 전략이 시작된다. 소재나 마감의 디테일적인 작업도 필요하지만, 이와 더불어 주거 활동을 분석해 불편함을 찾아내고 새로운 사용자 경험을 만드는 디테일도 필요하다.

래미안이 디자인한 한국형 욕실은 서양에서 들여온 욕실 문화를 한국의 좌식 문화에 맞게 발전시킨 사례다. 좌식 문화에 익숙한 우리는 발을 씻는 행위가 일상적이지만 한국의 욕실에는 세족에 대한 배려가 적었던 것이 사실이다. 또한 서양의 카펫 문화와 다르게 방바닥을 물걸레질하는 한국의 문화에서는 걸레를 편하게 손세탁할 수 있도록 하는 배려가 필요했다. 이러한 필요 사항에 착안하여 발을 편하게 씻을 수 있도록 샤워 공간에 작은 발받침을 만든다든지 욕조에서 편안하게 손세탁을 하거나 애완동물을 목욕시킬 수 있도록 별도의 공간을 마련한 디자인을 선보였다. 일반적인 욕실에 디테일

래미안의 한국형 욕실 디자인

한국인에게 맞는 인체 공학을 연구, 분석해 한국형 욕실 디자인을 선보였다. 서양에서
들여온 욕실 문화를 한국인의 문화에 맞게 발전시킨 사례로, 발을 씻을 수 있도록 샤워
공간에 발받침을 만들었고, 욕조에 손세탁을 할 수 있는 별도의 공간을 마련했다.
일반적인 욕실에 디테일의 변화를 주어 한국의 주거 공간에 잘 맞도록 디자인한
이 한국형 욕실은 2008년 대한민국 굿 디자인상에서 대통령상을 수상했다.

의 변화를 주어 한국의 주거 공간에 적합한 한국형 욕실을 제안한 것이다. 바로 이것이 고객의 관찰을 통한 디테일의 표현이다. 그러나 사실 한국 디자이너들이 특히 취약한 부분도 바로 이 디테일이다. 물론 이는 그들만의 문제가 아니다. 클라이언트가 디자인에 충분한 시간을 주지 않는 것도 위협적인 외부 요인이 될 수 있다. 비용 문제도 존재한다. 이 때문에 한국 디자인은 형태는 근사하지만 디테일에서 부족하다는 평가를 받기도 한다.

디테일을 보는 안목을 키워라

유럽의 디자인이 강하다고 말하는 건 우리도 성취한 90퍼센트 때문이 아니라 나머지 10퍼센트 때문이다. 한국의 디자인이 90퍼센트의 단계에서 끝난다면 유럽 디자인은 거기에서부터 우리가 밟지 않은 두세 단계에 더 몰두하고, 그 과정에서 디테일이 완성된다.

반면 우리는 90퍼센트까지만 가서는 이 정도면 됐다고 생각하는 경우가 허다하다. 더욱 큰 문제는 90퍼센트 혹은 70~80퍼센트에서 부족함을 인지하지도 못한 채 그것이 곧 100퍼센트라고 생각한다는 것이다. 말하자면 문을 열고 들어가야 하는데 문을 열 생각과 시도조차 하지 못할 뿐더러 조금만 더 가면 문이 있다는 것조차 모르는 것과 같다.

그럼에도 불구하고 디자이너는 스스로의 방법으로라도 디테일을 보는 자신만의 눈을 가지고 있어야 한다. 디테일의 힘을 기르는 가장 좋은 방법은 뛰어난 디테일로 완성도를 높인 제품을 계속 관찰하고 공부하는 것이다. 물론 디테일의 중요성이 높아진 만큼 일반인들이 디테일을 바라보는 수준도 높아진 것이 사실이다. 그만큼 고객의 기대를 충족시키기가 더 어려워졌다는 말이다.

예를 들어 이전까지 고객들은 휴대폰에 도색된 금속성 색상의 마감과 밀링 기계로 실제 천연 재료를 깎아 제작한 금속의 색상을 잘 구별하지 못했다. 또한 실제 재질과 실제 재질의 느낌을 주도록 가공된 재질의 차이를 느낄 필요조차 없었다. 하지만 각 제조사들의 기술과 제품의 성능이 비슷한 수준에 다다랐을 때, 고객들은 비로소 자신이 가진 휴대폰의 소재 같은 디테일에 관심을 가지게 된다. 인공으로 만들어진 재질보다 실제 천연 재료를 당연히 선호하게 되는 것이다. 우리가 인공 대리석보다는 천연 대리석을, 인공 가죽보다는 천연 가죽을, 그리고 유리의 질감을 대신하는 아크릴이나 플라스틱보다는 실제 강화 유리를 선호하는 고객의 요구를 이해해야 한다. 또한 서로 다른 재질의 융합이나 마감의 자연스러움, 정밀함에 대한 관심도도 대단히 증가했다.

디테일을 보는 눈은 제조 환경이나 여건의 한계를 넘어서서 고객

색상, 재료, 마감을 선택하는 데 필요한 샘플 자료
제품을 개발하는 과정에서 색상과 재료, 마감을 판단하는 것은 제품의 디테일을
결정하는 데 큰 영향을 준다. 이때 어떤 시장을 대상으로 하는지, 타깃 고객은 누구인지를
면밀히 고려하고 다양한 색상과 재료, 마감 방식을 조사하여 제품에 적용한다.

의 열망을 중시하고 그 열망을 실현해 나가는 노력에서 시작된다. 우리에게 주어진 환경적 여건에서만 상품을 생산하다 보면 결국 부가가치가 높은 상품을 만들기란 요원해진다. 소위 '명품'이라는 것은 디자인도 중요하지만 작은 디테일에서 완성도를 높임으로써 만들어진다는 사실은 우리 모두가 잘 알고 있다.

그러나 우리는 디테일을 보는 훈련을 제대로 받지 못했다. 중요성을 느끼지 못했기 때문이기도 하고, 사회 전반적으로 디테일을 들여다볼 수 있는 여유를 주지 못한 채 '빨리빨리' 습성에 젖어 버린 탓도 크다. 디테일의 힘을 기를 수 있는 더 좋은 방법은 바로 다양한 분야의 일을 경험하며 디테일을 찾아내는 것이라 생각한다. 1부에서 언급했듯 요즘 디자인 업무는 더욱 다양해지고 있고 디자이너들은 자신의 분야에만 몰두하는 것이 아니라 분야를 뛰어넘는 초학제적 (trans-disciplinary) 방식으로 일하고 있다. 예를 들어 아파트, 항공기, 자동차, 제품, CI 등 다양한 분야의 디자인 업무를 경험한다면 한 분야만 바라봤을 때보다 디테일을 보는 안목이 훨씬 더 넓어지고 깊어질 것이다.

그 이유는 각 분야마다 다른 디테일의 정의를 체험할 수 있기 때문이다. 어떤 사람들은 이것을 디테일이라고 생각하는데, 또 어떤 사람들은 왜 저것이 디테일이라고 생각하는지 고민할 수 있는 기회가 그만큼 많아진다. 그리고 이렇게 각기 다른 디테일의 힘을 목격한

래미안의 주차 관제 시스템(위)과 가로등 디자인(아래)
삼성물산의 디자인 철학 구축 작업의 일환으로 디자인한 가로등과
주차 관제 시스템이다. 아파트의 브랜드 이미지를 높이는 데에는
외관이나 조경도 물론 중요하지만 이런 디테일적인 요소에서 완성도를
높였을 때 그 가치는 더욱 빛을 발한다.

후 나의 관점을 새로운 방법으로 재검토하고, 이를 어떻게 나의 업무에 적용시킬 것인가 고민하는 과정에서 그 동안 보이지 않던 디테일을 발견할 수 있다.

집중력의 차이

내가 여러 분야의 디자인 프로젝트를 진행할 수 있는 것도 그간 다양한 경험으로 쌓은 디테일의 힘이라고 생각한다. 사실 나는 건축가보다 건축을 잘 모르고, 그래픽 디자이너보다 CI를 많이 경험하지 못했다. 그럼에도 불구하고 나는 디테일의 힘으로 의사결정을 한다. 디자인의 목적이나 대상이 바뀌고, 산업 분야가 바뀌어도 얼마나 프로젝트를 잘 수행해 내는가는 곧 얼마나 디테일의 힘을 잘 활용하는가와 직결된다. 디테일을 다루는 힘을 가질 수 있느냐의 문제는 자신의 업무 방식에 따라서도 많이 좌우되기도 한다. 나는 이 사실을 탠저린에서 영국 디자이너들과 일하면서 깨달을 수 있었다. 결과물을 최고로 만드는 디테일의 힘은 영국인들의 일상 업무에서 발휘하는 집중력에서 나온다고 해도 과언이 아니다.

흔히 유럽 사람들은 게으르다고들 하지만, 그 중 영국은 예외다. 업무 시간이나 업무량만 놓고 보면 한국과 별반 다르지 않다. 이는 디자인 회사에서도 마찬가지인데, 영국의 디자이너들은 한국 사람들처럼 일찍 출근하지 않는다. 그렇다고 아침에 티타임조차 건너뛰고 허겁지겁 책상에 앉는 것도 아니다. 그러나 한 번 업무에 집중하면 그 몰입의 정도는 실로 굉장하다. 단적인 예로 그들은 점심식사 시간을 별도로 가지지 않는다. 업무 시간에 잡담을 나누느라 시간을 보내지도 않고, 담배 한 대 피우러 나가는 시간조차 아까워한다. 최대한 근무 시간 내에 해야 할 업무를 모두 소화하려고 하기 때문에 집중도가 높아질 수밖에 없다. 상황이 이러니 굳이 야근을 할 필요가 없다. 내가 런던에서 15년간 일하면서 야근은 딱 두 번 했는데, 한 번은 시스템이 고장 났을 때, 또 한 번은 한국 클라이언트와 일하면서였다.

디자이너 한 명 한 명이 보여 주는 집중력의 차이는 결국 디테일의 차이로 이어진다. 업무 시간을 효율적으로 활용하는 덕분에 이들은 남들이 보지 못하는 지점까지 깊숙하게 들어갈 수 있는 것이다. 뿐만 아니라 이들은 자신의 일을 쳐내기 위한 업무가 아니라 디테일을 완성하는 시간까지 중요한 업무로 인식한다. 이 정도로 일에 집중하는 영국 디자이너들을 보고 한국의 디자이너들과 젊은이들은 어떻게 생각할까. 삭막하다고 할지도 모르겠고, 문화적 차이라고 할 수도 있겠다. 그러나 분명한 건 집중력이 바로 디테일을 다룰 수 있는 최소한의 조건이라는 것이다.

사람들은 나에게
무엇을 기대하는가

나의 영어 실력

영어가 유창하지 못하다는 이유만으로 유학이나 해외 진출을 망설이고 두려워하는 디자이너들을 가끔 만나곤 한다. 그럴 때마다 나는 내 이야기를 솔직하게 들려주고 싶어진다. 영어라는 물리적인 제한 때문에 기회를 포기하거나 주눅 들어 실력 발휘를 못하는 디자이너들을 볼 때마다 안타깝다는 생각이 든다. 나는 더 많은 젊은 디자이너들이 해외로 진출해 자신의 꿈을 펼치기를 간절히 바란다.

처음에는 나도 예외가 아니었다. 서른이 넘어 유학을 간 내게 영어 실력은 가장 큰 스트레스였다. 내 영어 실력으로 말할 것 같으면 꽤 형편없는 '콩글리시'다. 파리로 신혼여행을 갔다가 세관에 걸린

적이 있다. 프랑스 세관 담당자가 신고할 물건이 있냐고 묻는데, 신고할 물건이 없는데도 거기에다 "예스"라고 대답한 탓에 우리 부부는 그 많은 짐을 모두 풀어야 했다. 그러나 그 정도의 영어 실력으로도 런던에서 일을 할 수 있었다. 영어를 못한다는 건 살짝 불편한 일일 뿐이다.

이런 사건도 있었다. 예전에 모토롤라의 사장이 미국에서 전화를 했는데 마침 내가 전화를 받았다. 한참 차분히 내 설명을 들은 그는 말끝에 내게 청소부냐고 물었다. 그때 나는 탠저린의 부사장으로 일하고 있었다. 직원들이 농담 삼아 전화를 아예 받지 말라는 이야기도 하곤 했다. 그만큼 나의 영어 발전 속도는 상당히 더뎠다.

물론 처음에는 영어를 잘하지 못한다는 사실에 스스로 의기소침해질 수밖에 없었다. 그래서 난 영어에 주눅 들지 않고 당당해지기 위해 스스로에게 주문을 걸었다. 첫 번째, 나는 한국인이다. 그러니까 영어를 영국인처럼 할 필요가 없다. 두 번째, 난 40대다. 20대처럼 영어를 할 필요가 없다. 세 번째, 나는 디자이너다. 그러니 아리랑 TV 아나운서처럼 영어로 말할 필요가 없다!

남들이 보면 자기변명이라고 할지도 모르겠지만, 이렇게 생각하고 나니 마음이 편해졌다. 어디선가 발표를 하러 갈 때에도 스스로 이렇게 생각했다. "여기 있는 사람들이 내게 원하는 건, 유창한 영어가 아니라 내가 전달하고자 하는 커뮤니케이션 메시지다."

의사소통에서 드러나는 문화의 차이

사실 한국인들이 부족한 영어 실력에 대해 자신감을 갖기란 말처럼 쉬운 일이 아니다. 언어란 워낙 그 사람을 판단하는 가장 단적인 단서이기 때문에 어눌한 영어 실력은 곧 나의 능력과 직결되는 듯한 묘한 기분을 느끼게 한다. 또한 한국인 특유의 커뮤니케이션 방식 때문에 무조건 자신감만으로 무장하기도 어렵다. 한국 사람들은 자신을 내세우는 것보다 낮추는 것을 미덕이라 생각한다. 그러나 유럽인들에게는 겸손의 문화가 사실상 없다고 보면 된다.

런던에서 내가 겪은 문화적 충격 중 하나가 이들은 여간해서는 자신의 잘못을 인정하지 않는다는 것이었다. 해외에서 길을 걷다가 어깨를 부딪치면 이들은 자연스럽게 "쏘리"라고 말하지만, 그건 미안하다는 이야기가 아니라 그 상황이 유감이라는 의미다. 게다가 업무상에서는 절대로 "쏘리"라는 말을 하지 않는다. 설사 자신이 한 일이라 해도 절대 사과하지 않고 심지어 책임을 회피하려고 하기도 한다. 경쟁사에 실수로 기밀을 보내고서도 내가 잘못한 게 아니라 나의 손가락이 잘못한 일이라고 변명하는 사람도 있었다. 처음에는 이렇게 뻔뻔한 사람들이 다 있나 싶을 정도였다. 하지만 그가 그 자리에서 미안하다고 이야기하면 안 되는 위치와 직책에 있는 사람이라는 것을 내가 이해하기까지는 꽤 오랜 시간이 걸렸다.

반대로 발표할 때 유독 떠는 한국 직원들이나 학생들을 만나곤 하는데, 그들은 늘 "제가 이런 걸 잘 못해서……"라고 말한다. 하지만 나는 그럴 때마다 따끔하게 충고한다. 여기 지금 귀한 시간을 들여서 이 자리에 앉아 있는 사람들이 당신에게 듣고 싶어 하는 이야기는 이런 겸손의 표현이 아니라고, 그 두려움과 겸손함을 같이 느끼려고 앉아 있는 게 아니라고 말이다. 우리는 그의 자신감에 바탕을 둔 생각을 듣기 위해 여기 와 있는 것이지, 그의 인간성을 보러 온 게 아니라는 것이다.

상대방의 기대치를 파악하라

어느 순간 혹은 어느 위치에 있는지, 주위 사람들은 무엇을 기대하고 있는지 파악하는 것은 커뮤니케이션에서 매우 중요한 절차다. 그리고 이는 디자인에서도 마찬가지다. 어떤 조건, 어떤 상황에서도 상대방이 기대하는 것에 충실해야 한다. 그것이 결과물일 수도 있고, 태도일 수도 있다. 한국 디자이너들이 그 점을 개선해야 한다는 생각은 오래 전부터 해 왔다. 그렇지 않으면 일은 열심히 잘하지만 결국 인정받지 못하는 상황이 될 수도 있기 때문이다.

나는 지금도 이 사실을 늘 염두에 두고 노력한다. 500명의 청중이 있는 곳에서 발표를 하게 되면 솔직히 떨리는 건 몇 년 전이나 지금이나 매한가지다. 하지만 그곳에 있는 누구 하나, 내가 떨고 있는 모습을 기대하는 사람은 아무도 없다. 저 사람은 얼마나 자신 있는 사람일까, 얼마나 자신의 디자인 철학을 당당하게 이야기할까 기대하고 있는 사람들을 실망시킬 수는 없다.

지금 나에게 원하는 것이 무엇인가를 파악하고 제대로 소통하기 위해서는 "쏘리"를 입 밖으로 내지 않는 영국 비즈니스맨들의 대화법만큼이나 이들의 협상법도 참고할 만하다. 세계를 움직이는 것이 미국이고, 미국을 움직이는 것이 영국의 전통과 관념이라는 이야기도 있다. 이들은 협상의 귀재다. 기본적으로 엄청난 인내심을 가지고 협상에 임한다. 감정의 노출이나 동요를 가급적 자제하는 것도 이들의 특성이다. 결정하는 것을 가장 최후의 단계로 두는데, 그 협상 과정 중 최대한 긍정적이고 희망적으로 보이게 만든다는 것도 주요 협상 기술이다. 그리고 이런 모든 대화법과 협상법의 기저에는 자신감이 깔려 있다.

해외에서 활동할 때 영어 실력보다 전달하는 메시지가 중요하다는 것을 보여 주는 가장 단적인 예가 바로 이 글을 쓰고 있는 나다. 나는 디자이너들이 영어 때문에 꿈을 접거나 좌절하지 않기를 바란다. 겸손함은 마음속 깊이 간직하자. 자신이 어떤 위치에서, 어떤 상황에서, 무엇을 하기 위해 그 자리에 있는지 스스로 이해한다면, 디자이너로서의 자신감 역시 얻을 수 있을 것이다.

디자이너에게 자신감은 단순히 스스로를 격려하는 차원을 넘어서는 중요한 덕목이다. 자신의 능력을 합당하게 믿는 것, 이것은 자신의 발상으로 만든 디자인을 고객에게 전달하기 위한 가장 첫 번째 관문이다. 여러 번 언급했지만, 디자인은 만드는 이와 사용하는 이의 감성이 서로 만나는 분야이기 때문이다.

한 줌의 흙도 사양하지 않는 태산처럼

태산불사토양

"태산은 한 줌의 흙도 사양하지 않음으로써 높은 산을 이룬다.(泰山不辭土壤 枯能成基大)"

『사기(史記)』에 나오는 이 고사성어는 내가 개인적으로 좋아하는 말이면서 동시에 내 좌우명이기도 하다. 한 줌의 흙처럼 작고 사소한 것도 가리지 않고 받아들여야 큰 산이 되듯이, 사람도 아무리 사소한 일, 작은 인연이라도 소홀히 하지 않아야 성공할 수 있다는 뜻이다. 특히 디자인 업무에서 네트워크와 파트너십이 중요한 만큼, 이를 견고하게 쌓아 가기 위해서는 작은 일, 작은 인연도 소중하다는 것을 잊어서는 안 된다. 네트워크라는 것도 결국 개개인이 모여서 형성

되는 것이며, 이들과의 인연을 소홀히 하지 않았을 때 돈독한 파트너십이 생긴다.

나는 개인으로서의 일상은 물론 디자이너로서의 업무를 진행할 때에도 항상 이 말을 잊지 않으려고 노력한다. 탠저린과 함께 일한 클라이언트와 좋은 인연을 만들고자 하는 것도 그런 이유에서다. 경험에 바탕을 둔 그런 크고 작은 인연들이 쌓여 한 회사의 평판, 더 나아가 그 회사의 브랜드 가치가 되기 때문이다. 같은 맥락에서 길거리 우물에 침 뱉지 말라는 우리 속담의 교훈 역시 항상 마음에 새기고 있다.

디자이너도 창의적인 일을 하는 사람이기 전에 한 사회의 일원이다. 나는 젊은 한국 디자이너들이 자신이 하고 싶은 걸 찾아 회사를 이리저리 옮겨 다니는 걸 많이 봐 왔다. 이들은 꿈을 이룰 수 있는 곳을 찾아간다고 했다. 이런 고민을 하기도 한다. "제가 별로 하고 싶어 하지 않는 분야의 디자인을 시키는데, 다른 데로 가야 할까요?" 하지만 애석하게도 그렇게 해서는 자신이 하고 싶은 일을 결코 하지 못한다.

처음에는 하기 싫더라도 회사가 자신에게 바라는 것, 그것이 설사 작고 보잘것없는 업무라도 차근차근 해 나가야 결국 자신이 하고 싶은 일을 할 수 있다. 회사에서 조직을 모두 움직여 젊은 디자이너들이 할 일을 미리 준비해 놓고 기다리지는 않는다. 궂은일, 내키지 않는 일도 해야만 하는 경우가 있기 마련이고, 이는 모두 높은 산을 이루기 위해 필요한 과정이다.

지금의 위치에 오르기까지

나는 처음 탠저린에 들어갔을 때 모델링 같은 험한 일을 가장 먼저 했다. 모델링 작업은 디자인한 것을 실제로 대량 생산할 때 어떻게 보이는지 시뮬레이션해 보는 작업으로, 컴퓨터 프로그램으로 하기도 하지만 스티로폼 같은 재료로 직접 형상을 만든다. 이런 모델링 작업은 먼지도 많이 나고 몸도 고된 힘든 일이라 모두 꺼린다. 스티로폼 먼지를 들이마시게 되면 건강에도 좋지 않다. 영국인 동료들은 심지어 나와 함께 밥을 먹으려고 하지도 않았고, 나는 공원에서 혼자 샌드위치를 먹곤 했다. 그때 나는 내가 대단한 일을 해서가 아니라 그저 런던에서 일하고 있다는 것 자체가 행복했기 때문에 이런 궂은일도 마다하지 않고 할 수 있었다.

물론 탠저린에 입사할 때만 해도 나는 스스로를 디자인 전략가라고 생각했다. 그러나 아무리 의욕을 불태워도 내가 하고 싶은, 디자인 전략을 짜는 업무는 주어지지 않았다. 대신 2년 정도 모델링 작업을 하고 난 후 나는 더 이상 스티로폼 먼지를 들이마시지 않아도

됐다. 다른 업무가 주어진 것이다.

모델링 작업 다음으로 했던 일은 이미지를 찾는 것이었다. 디자인 전략을 세울 때 콘셉트에 맞는 키워드와 이미지를 찾는 과정이 있는데, 내 업무가 바로 이미지를 수집하는 것이었다. 누군가의 요청으로 기껏 이미지 100개를 찾으면 단 한 개도 인정해 주지 않는 경우가 태반이었다. 그렇게 찾아 놓으면 다 버리고 자신들이 원하는 것으로 다시 찾고, 또 찾으면 버리고 다시 찾고 하는 과정이 반복됐다. 그도 그럴 것이, 그들이 느끼는 단어의 뉘앙스와 내가 느끼는 뉘앙스가 같을 수가 없었기 때문이다. 몇 달 동안 열심히 그 과정을 반복하면서 나만의 노하우를 터득하게 됐다. 특정한 영어 단어가 어떤 의미를 내포하는지 알게 되었고, 그런 노하우를 바탕으로 내가 고른 이미지가 채택될 확률도 점점 높아졌다.

그렇게 매일 이미지만 찾아야 했던 나날도 지나갔다. 그 후 스케치하고 도면 그리는 업무를 했고, 팀을 맡아 일을 꾸리는 팀장의 자리를 거쳐 지금 나는 예산까지 관리하는 탠저린의 공동 대표가 되어 있다. 그 과정에서 내가 "이런 일만 할 바엔 차라리 그만두는 게 낫겠다."고 생각했다면, 나는 지금쯤 어디에서 무슨 일을 하고 있을지 상상조차 할 수가 없다. 어떤 회사에서도 막중한 일을 주려고 인턴 사원을 채용하진 않았을 테고, 어떤 일이든 견디기 힘든 것은 매한가지였을 것이기 때문이다.

물론 모두가 나처럼 해야 한다는 이야기는 아니다. 요즘 젊은 디자이너들은 능력이 출중하기 때문에 나와 같은 전철을 밟지 않을 수도 있다. 요즘 디자인을 전공하는 학생들은 학교 다닐 때부터 우리 때와는 다르다. 영어 공부도 짬짬이 해서 실력이 좋고, 학생 때부터 기업에서 인턴으로 일하거나 해외에서 경험을 쌓고 오는 경우도 많아서 거의 '준 디자이너'가 되어 졸업한다. 그러나 나는 나처럼 하는 것이 절대 부끄러운 일이 아니라고 말해 주고 싶다.

절실하면 이루어진다

지금 만약 어떤 변화의 기점에 놓여 있다면, 변화에 대한 두려움을 떨쳐 버리고 도전하라고 권해 주고 싶다. 그러나 그 전에 먼저 선행되어야 하는 것이 있다. 바로 자신의 일과 비전, 미래에 대한 절실함을 가지는 것이다.

내가 탠저린에 입사했을 당시 회사 경영진에서는 해외 인력을 채용하는 것에 대해 부정적이었다. 비슷한 실력이면 굳이 해외 인력 대신 국내 인력을 채용하는 편이 여러모로 신경 쓰일 일이나 불편할 일이 없을 거라는 판단 때문이었다. 하지만 난 반드시 런던에서 디자이너로 일하고 싶었고, 그 절실함을 동력 삼아 모두들 꺼리는 작은 일부터 즐거운 마음으로 할 수 있었다. 정식으로 채용이 결정된 후에도 회사가 귀찮아 할 수 있다는 염려에 노동 허가서 작성부터 모든 법적인 과정을 직접 변호사 없이 진행했다. 몇 달 동안 밤잠을 설치고 연구하고 공부하며 노동 허가 절차를 밟았던 일을 생각하면 절실했던 그때의 일들이 머릿속에 그림처럼 떠오른다.

한국 클라이언트들과 일하다 보면 그 회사의 실무자들을 많이 만날 수 있다. 그리고 어딜 가나 '적당히 일하는 존재'들이 반드시 있기 마련이다. 그런 사람이라도 창업해서 자신의 일을 한다면 열심히 할 거라고? 나는 그렇게 생각하지 않는다. 회사의 일을 적당히 하는 사람이 자신의 일이라고 열심히 할 거라는 건 오산이다. 적당히 일하는 직원은 그 회사의 성장을 방해하는 요소다. 그뿐 아니라 열정적으로 일할 수 있지만 기회를 얻지 못한 다른 누군가를 생각한다면 기회비용의 손실이 더욱 커진다. 적당히 하고, 절실히 하는 것의 차이는 엄청나게 크다. 그리고 거기서 파생되는 것 또한 큰 차이가 있다. 어떤 일이든 절실해야 이루어진다. 그리고 절실하다는 것은 결코 부끄러운 일이 아니다.

나는 반짝하고 발상이 떠오르는 순간의 기회를 믿지 않는다. 물론 길을 걷다가 또는 어느 곳에서 문득 기가 막힌 발상이 떠오를 수도 있다. 하지만 그 발상을 실물로 구현해 성과를 거두기 위해서는 아이디어 단계에 머물러 있어서는 안 된다. 아이디어를 실현시키고

자 하는 의지와 절실함으로 발상의 단계를 뛰어넘는 과정이 필요하다. 나는 절실한 디자이너는 있을지언정 천재 디자이너는 없다고 생각한다. 천재는 절실함으로 만들어지기 때문이다.

취업과 창업을 준비하는
후배 디자이너들에게

취업을 위한 조언

여전히 국내 취업 시장이 위축되어 있기 때문인지 나는 요즘 해외에서 경험을 쌓기를 원하는 젊은 디자이너들을 많이 만나곤 한다. 이들 중 대부분은 해외에 있는 디자인 관련 회사에 취업하기를 선호한다. 사실 어떤 조직이나 마찬가지지만 취업을 희망하는 구직자와 채용을 결정하는 회사 간에 모두가 만족하는 공평한 협상이 이루어지기란 쉽지 않다. 이런 상황은 제 아무리 민주주의가 발달한 유럽이라고 해도 한국의 정서와 크게 다르지 않으며, 해외에서 디자인을 공부한 유학생의 사정도 거의 비슷하다.

탠저린 본사에서 일할 때부터 나는 런던에서 학위를 받았음에도 불구하고 그 국가에서 취업을 하고자 할 때 이런 협상에 실패해 본인이 희망하는 회사에 입사하지 못하는 경우를 많이 봐 왔다. 여러 미디어에서 흔히 접할 수 있는, 약간 과장된 취업 성공기를 여과 없이 받아들여서는 무조건 자신의 희망 사항과 요구 조건을 강하게 어필하여 협상에 실패하는 경우도 많았다. 협상은 달걀과 같아서 세게 움켜잡으면 깨지고, 너무 약하게 움켜쥐면 손에서 떨어져 부서진다. 나는 자신의 뜻을 펼쳐보고자 열망하는 젊은 디자이너들에게 내 경험을 바탕으로 조언해 주고 싶었다. 물론 어쩌면 이 조언은 국내외의 디자인계뿐만 아니라 모든 취업 준비생들에게 똑같이 적용되는 것일지도 모르겠다.

첫째, 회사가 나에게 무엇을 바라는가를 신속하게 파악하는 것은 가장 우선되어야 하는 일이다. 어떤 회사든 경력이 전무한 사람에게 그가 하고 싶어 하는 일을 맡길 가능성은 희박하다고 보면 된다. 대신 회사가 나에게 바라는 일이 무엇인지를 찾아서 꾸준히 좋은 성과를 만들어 나가라. 이렇게 작은 성과들을 모으는 것은 결국 자기 자신이 원하는 위치에서 업무를 진행할 수 있도록 하는 가장 확실한 방법이다.

둘째, 철저한 주인의식을 가져야 한다. 설사 승진을 조건으로 이직을 한다고 하더라도 자신이 맡고 있는 현재 회사의 업무를 게을리해서는 절대 안 된다. 특히 해외 기업에서는 한국에서보다도 훨씬 더 평판을 중요하게 생각한다. 이 평판은 자신이 현재 속한 직장에서 대부분 형성된다. '추천'이라는 인적 네트워크의 가치를 소중하게 평가하는 선진 디자인 국가에서는 '평판'의 핵심 요소인 주인의식이야말로 여러 조건에서 불리할 수밖에 없는 동양계 디자이너들에게 절대적인 소양이다.

더불어 이렇게 해외의 디자인 회사에 당당하게 취업한 후, 좋은 연봉과 조건으로 이직할 경우에는 어떤 경우에든 초심을 잃지 말고 내가 이 자리에 왜 있는지에 대해 끊임없이 고민하라고 권해 주고 싶다. "디자인의 종주국에서 디자인계의 이방인이 아니라 디자인계의 중심이 되자. 내게 주어진 역할은 한국 디자이너로서의 '패스파인더' 역할이다. 영국의 대표 디자인 회사를 운영한다면 영국의 디자인이 곧 한국의 디자인이다." 등의 다짐을 내가 늘 마음에 담고 있는 것처럼 말이다.

창업을 위한 조언

물론 해외든, 국내든 회사에 고용된 디자이너에게 가장 공통적인 숙제는 디자인을 통해 조직의 방향과 조직의 요구, 그리고 자신의 열망 사이에서 접점을 찾아야 한다는 것이다. 회사나 클라이언트의 수익을 극대화하기 위해 때로는 본인의 판단과는 다른 방향의 디자인으로 마음고생을 하는 경우도 많고, 고객을 좀 더 설득할 수 있는 디자인을 진행하지 못한 것에 아쉬움을 느끼는 건 다반사다. 또한 본인의 의지대로 프로젝트가 진행되어 고객에게 좋은 피드백을 받거나 시장에서 큰 성공을 거둘 때에도 자신이 직접 모든 의사를 결정하고 권한과 책임을 갖는 창업에 대해 고민하기 마련이다.

기존에 근무하던 시스템 혹은 프로세스와 유사한 업종의 창업이라면 굳이 전문가의 조언이 필요하지 않을 수도 있다. 윤리적·도덕적인 측면에서 문제가 되지 않는다는 전제하에 최선을 다하면 순조로운 창업이 가능할 수도 있을 것이다. 다만 실제로 창업에 도전하는 많은 디자이너들은 새로운 비즈니스에 관심을 가지고 도전한다. 이렇게 기존 업무 경험에서 진일보하여 새로운 비즈니스 타입이나 상품을 개발하고자 하는 창업이라면 여러 가지 고민이 발목을 잡을 수도 있다.

"기업의 꽃은 영업이다."라는 말이 있다. 아무리 좋은 연구 결과를 내놓고 좋은 상품을 개발해도 이것이 고객의 구매로 이어지지 않는다면 결국 모든 고생은 수포로 돌아간다. 그러므로 디자이너들은 먼저 자신이 창업하려는 목표와 의도를 정확히 정해야 할 필요가 있다. 새로운 연구를 시도하고 프로세스를 개발하여 디자인 역사에 기여하고자 하는지, 아니면 시장에 매력적인 상품을 출시하여 이윤을 추구하는 것이 목표인지 스스로 파악하고 있어야 한다는 것이다.

보통 창업에 도전하는 많은 디자이너들은 자신의 이상과 현실의 목표를 모두 이룰 수 있기를 기대하지만 그건 쉽지 않은 일이다. 또한 때로는 경영학적인 지식보다 현장의 구매 심리를 잘 파악하여 구매로 연결시키는 시장 상인의 지혜가 더욱 효과적일 때도 많다. 시장 상인의 지혜에는 오래된 경험과 돌발 상황에 대한 변수를 미리 경험으로 학습하여 시스템화한 고도의 인지 공학이 포함되어 있기 때문이다.

말하자면 자신이 디자인하고 만들어 판매하고자 하는 제품에 대한 완벽한 이해와 학습, 그리고 구매 고객의 유동적인 심리 상태를 이해하고 그들이 진정으로 원하는 것에 대한 해답을 찾는 과정이 반드시 필요하다. 그 수많은 과정 중에서 가장 중요한 기본 전제는 고객이 원하는, 반드시 필요한 것을 만들어야 한다는 것이다. 창업을 시도하는 디자이너들이 범하는 오류 중 하나는 디자이너가 세상을 변화시키기 위해 만드는 것이 반드시 이윤을 창출하는 것이 아니라는 사실을 종종 잊는다는 것이다. 꼭 필요한 것이 아니라 있어도 그만, 없어도 그만인 제품에 디자인이 좋다고 지갑을 여는 고객은 그렇게 많지 않다. 물론 주시 살리프(Juicy Salif) 같은 레몬즙 짜개를 만든 필립 스탁(Philippe Starck)처럼, 세계적으로 명망 높은 디자이너의 작품은 꽤 오랜 시간 동안 사랑받는 스테디셀러이지만 이는 어디까

필립 스탁이 디자인한 주시 살리프

거미 모양의 이 레몬즙 짜개는 실제적인 유용성보다는 디자인을 우선한 제품이다.
이 제품을 구입하는 사람들도 주로 수집이나 취향의 차원에서 구매한다.

지나 사용을 위해서라기보다는 수집이나 취향의 차원에서 구매하는 것이다. 이런 차이점을 무시하거나 간과해 한 번의 시도로 너무 많은 부담을 지게 되고 결국 재기하지 못하는 디자이너와 회사가 적지 않다는 점을 명심해야 한다.

해마다 각종 디자인 관련 박람회에 다녀 보면 참 많은 젊은 디자이너들이 풍운의 꿈을 안고 자신이 만들어 낸 제품과 브랜드로 존재감을 표현하고자 열정적으로 일하고 있는 것을 목격한다. 그러나 아쉽게도 매년 열리는 디자인 박람회에 꾸준히 모습을 드러내며 진화하는 디자인 철학과 발전하는 모습을 보여 주는 디자이너는 흔치 않다. 창업을 하든, 취업을 하든 디자이너에게 가장 중요한 것은 고객과의 교감이라는 것을 잊지 말아야 할 것이다.

디자이너의
사회적 책임

디자인 재능 기부에 관하여

학창 시절에 우리는 심리학자 매슬로(Abraham H. Maslow)가 인간의 욕구를 다섯 단계로 정리했다고 배웠다. 생리적 욕구, 안전의 욕구, 소속감과 사랑의 욕구, 자존감의 욕구, 자아실현의 욕구, 이렇게 다섯 가지 욕구가 단계적으로 발생한다고 한다. 그런데 나는 요즘 여기에 한 가지를 더 추가할 때가 되지 않았나 싶다. 바로 누군가에게 도움을 주고자 하는 욕구, 사회에 기여하고자 하는 욕구다.

최근 디자이너와 디자인 자체의 사회적 책임에 대한 논의가 활발해지고 있다. 디자인 재능 기부, 이타적 디자인, 모두를 위한 디자인 등이 일반화되면서 그만큼 디자이너와 디자인에 대한 책임 의식이 일상의 영역으로 자리 잡았음을 보여 준다. 역사적으로도 디자인이 인간의 생활이나 사회를 풍요롭게 하는 데 큰 몫을 해 왔다는 걸 기억한다면, 디자이너에게 이런 사회적 역할을 기대하는 것은 어쩌면 당연한 일일지도 모른다.

그러나 디자이너가 '사회적 책임'을 어떻게 정의하고 해석하며 실천할 것인지, 어떤 마음 자세로 사회에 대한 기여를 바라봐야 할 것인지에 대한 고민은 여전히 풀리지 않고 남아 있다. 현재 우리나라의 실정에서는 좋은 의도가 곡해되거나 혹은 디자이너들에게 명분만 앞세우며 현실적인 부담을 안겨 줄 수도 있기 때문이다.

최근 '나눔 디자인'으로 디자인 재능 기부를 실천하는 몇몇 기업과 전문가들의 사례가 이것이 결코 간단한 문제가 아님을 보여 준다. 그들이 디자인의 사회적 책임을 이야기하며 선의에서 우러나 업체를 무료로 컨설팅해 준다면 대중들에게 좋은 평가를 받을 수 있을 것이다. 마땅히 존경을 받아야 하고 사회에도 긍정적인 역할을 한다고 생각한다. 그러나 문제는 무료 법률 컨설팅이나 무료 의료 진료와는 다른 디자인 업계의 힘든 현실이다. 변호사나 의사와 같은 업종에 대해서는 일반 대중들이 그 전문성을 모두가 인정하고 '봉사 활동'과 '수익 활동'에 대해 명백한 구분을 할 수 있다. 하지만 전문성에 관해서라면 아직 디자인이 그런 정당한 사회적 평가를 받지 못하고 있는 현실을 인지해야 한다.

실제 업계에서는 이런 행동에 우려를 표하기도 한다. 소위 말해 디자인 전문가들은 먹고살 만하지만 업체는 이런 작업을 프로젝트화해서 이윤을 창출하고 직원들을 먹여 살려야 한다는 것이다. 이들의 기부가 디자인에 제대로 된 가치를 매기지 못하게 하는 등 시장을 교란시킬 수 있다는 우려의 목소리가 존재하는 것도 사실이다. 이와 함께 다양한 이유로 이런 활동을 하지 못하는 디자이너는 이기적인 존재로 쉽게 폄하될 수 있다는 것도 큰 문제로 제기되고 있다.

물론 영국의 디자이너들도 사회적 책임에 대해 늘 고민한다. 디자인이라는 것 자체가 사회에 기여할 수 있는 좋은 도구다. 그래서 이들은 공공 디자인이나 서비스 디자인을 통해서 사회에서 할 수 있는 역할을 찾는다. 그러나 경제 논리를 넘어서는 기여는 없다. 이들은 디자인을 통해 사회에 기여할 수 있는 일들을 프로젝트화해서 정부로부터 합당한 보수를 받아 가면서 일을 한다. '디자인 재능 기부'의 기치를 드높이면서 정작 디자이너들의 처우에 대해서는 별로 관심이 없던 우리의 상황과는 다소 다르다.

여러모로 디자이너의 사회적 책임을 둘러싼 논의는 딜레마임에 틀림없다. 몇몇 스타 디자이너를 제외하고는 평균적으로 디자이너들의 처우가 턱없이 낮은 현실에서 재능 기부와 같은 책임을 어떻게 다할 것인가 하는 문제와 함께, 그렇게 사회적 책임을 다하는 모습이야말로 디자인의 순기능에 대한 인식을 자연스럽게 알릴 수 있는 현명한 방법이라는 의견이 맞서고 있는 것이다. 디자이너들이 디자인을 통해 사회에 환원해야 한다는 결론은 같지만 여기에 이르기까지의 길은 다른 셈이다.

사회적 책임의 두 가지 측면

디자이너의 사회적 책임은 크게 경제적인 측면과 윤리적인 측면, 두 가지로 나누어 생각해 볼 수 있다. 특히 경제적인 측면에서는 사회적 책임이라는 명제와 더욱 극명하게 부딪칠 수 있다. 일례로 한 단체가 무료로 배포할 다양한 글자체를 개발하고자 고민한다고 가정하자. 그렇다면 이 단체는 디자인을 통해 사회적 책임을 다했다고 말할 수 있을까?

물론 다양한 글자체를 대중이 부담 없이 사용할 수 있도록 배려한다는 측면에서는 당연히 그렇다고 할 수도 있다. 그러나 한 가지 간과할 수 없는 사실이 있다. 이들의 고민은 글자체를 개발해 생계를 유지하는 디자이너나 소규모 디자인 회사에게 의도치 않은 타격을 줄 수 있다는 것이다. 물론 그렇지 않을 수도 있지만, 글자체는 무료로 받는 것이지 돈을 주고 구입하는 것이 아니라는 인식이 고객들에게 일반화될 위험이 있기 때문이다. 게다가 유럽 등지에서는 글자체가 명백한 저작물이라는 인식이 존재하지만, 우리나라에서는 아직 그런 명백한 지적 저작권에 대한 인식이 없는 것도 사실이다. 이런 상황에서 무료 글자체에 대한 잘못된 인식은 그 동안 글자체 개발에 사력을 다하고 있는 소규모 회사와 디자이너들에게 원치 않은 고통을 줄 수도 있다. 불특정 다수의 혜택이 강조되기 때문에 소수인 디자이너와 회사의 희생이 간과되는 것도 문제다.

그런 면에서 나는 좀 더 독창적인 방법으로 팍팍한 디자이너들의 삶에 무리를 주지 않으면서 할 수 있는 일을 진지하게 고민해야 한다고 생각한다. 예를 들어 어두운 도시의 구석을 찾아 벽화를 그리고 도시 환경을 개선하는 데 도움을 주거나 그 동안 시장에서 직간접적인 수익이 높지 않다는 이유로 디자인의 혜택을 전혀 받지 못한 계층을 위해 작은 개선으로 큰 편리함을 줄 수 있는 고민을 한다면, 누구나 그 취지에 공감할 수 있을 것이다. 새로운 디자인 영역을 확장하는 동시에 진정 디자인이 필요하지만 그 동안 혜택을 받지 못하던 사람들에게 디자인의 가치를 전달해 주는 것이기 때문이다.

다만 이러한 고민이 디자이너가 혼자 감당해야 할 몫은 아니다. 정부나 지자체의 경제적 지원을 통해 나눔에 참여하는 디자이너들을 최소한이라도 지원해 주는 등 다차원적인 협업을 만들면 더욱 효과적일 것이다. 디자이너의 어려운 형편을 무시하고 진행하는 디자인 기부라면 어떤 판단을 내리기가 나조차도 쉽지 않다. 디자인 자

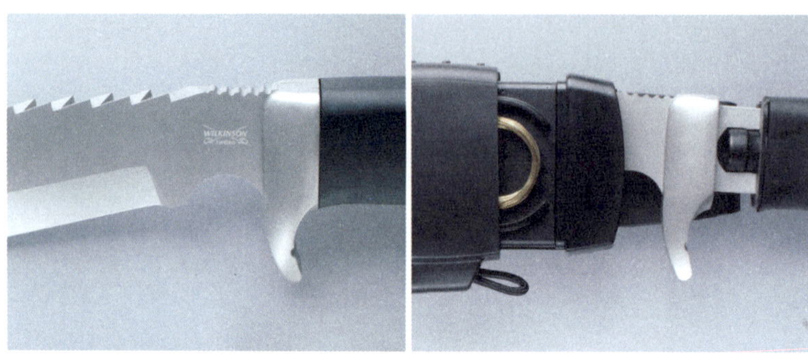

탠저린에서 디자인한 윌킨슨 스워드의 서바이벌 나이프

윌킨슨 스워드는 영국 왕실 의장대에 칼을 납품하기도 하고, 면도기 제조사로도 잘 알려진 회사다.
탠저린은 윌킨슨 스워드로부터 서바이벌 나이프를 디자인해 달라는 의뢰를 받아 작업한 적이 있다.
서바이벌 나이프가 사람을 해치는 데 쓰일 수 있다는 이유로 이를 디자인하는 일이 도덕적이지
않다는 의견도 있었으나, 디자이너는 제품의 사용성에 맞게 디자인할 뿐
그것을 어떻게 사용하는가는 고객의 판단에 달려 있는 문제라고 본다.

체가 사회적 책임을 어느 정도 수반하는 업무이기 때문이다.

디자이너들의 사회적 책임은 윤리적인 측면에서도 중요한 이슈다. 몇 년 전 나는 모 대학으로부터 세미나에 참석해 달라는 요청을 받았다. 이날 발표한 탠저린의 프로젝트 중에는 윌킨슨 스워드(Wilkinson Sword)라는 유명 클라이언트에 대한 내용도 있었다. 이 브랜드는 영국 왕실 의장대에 칼을 납품하기도 하고 일반 고객에게는 면도기 제조사로 잘 알려져 있었다. 세미나가 끝난 후 나는 어느 이탈리아 출신의 교수로부터 이런 질문을 받았다. "과연 디자이너가 서바이벌 나이프를 디자인해도 됩니까?"

질문의 요지는, 사람들을 해치는 데 쓰일 수도 있는 칼을 디자인하는 것이 사회적 책임에 위배되지 않느냐는 것이었다. 아마도 그에게는 서바이벌 나이프가 흉기 정도로 인식되었던 모양이다. 곧바로 명쾌한 대답을 내놓기가 상당히 힘들었다. 결국 나는 디자이너의 일은 제품 사용성에 맞춰 디자인할 뿐, 그것을 어떻게 사용하는가 하는 것은 고객의 판단이라고 대답했다.

내가 이렇게 대답한 데는 런던에서의 경험이 한몫을 했다. 탠저린은 담배 제조 기업과 카지노 기업을 컨설팅한 적이 있다. 그런데 담배 프로젝트를 진행하던 구성원 중 일부가 도덕적 가치를 이유로 들어 프로젝트 참가를 거부한 적이 있었다. 그러나 카지노 사업 프로젝트에 대해서는 그 누구도 도덕적인 이유를 내세우지 않았다.

두 가지 모두 사회적인 영향력을 가진 프로젝트였음에도 불구하고 영국 디자이너들이 도덕적 가치를 생각하는 기준은 고객이 자신의 의지로 얼마나 제품 사용을 판단할 수 있는가 하는 것이었다. 담배는 고객의 의지로 흡연하거나 금연하기가 쉽지 않다고 생각했고, 반면 카지노는 충분히 자신의 의지로 게임을 통제할 수 있다는 것이 그들의 전반적인 생각이었다.

물론 이것은 서로 다른 문화적 배경 때문에 생긴 상황이다. 개인에게 사회적 권한과 책임을 더 많이 부여하는 것이 영국과 한국의 차이다. 런던 옥스퍼드 스트리트에 나가 보면 빨간 신호등을 무시하고 길을 건너는 사람들을 많이 볼 수 있다. 런던에 처음 갔을 때 나는 영국인들의 무질서한 질서 의식에 적잖이 놀랐다. 그러나 나중에 알고 보니 그것은 자율적 의지 선택의 문제였다. 다시 말해, 사고가 나거나 나지 않거나 본인의 자율성에 근거하여 의사 결정을 내리는 것을 존중해 주는 문화라는 것이다. 영국의 거리에서 녹색 신호가 아닌데도 열심히 건너는 사람들 중 대부분은 영국인이고, 그렇지 않은 사람들은 관광객이라는 우스갯소리를 듣고야 비로소 그 인식의 차이를 알 수 있었다.

다시 말해 디자이너의 사회적 책임은 해당 디자이너가 속한 문화권과도 밀접하게 연관을 가진다는 것이다. 어느 한쪽이 절대적으로 올바르다고 할 수 없다. 마찬가지로 디자이너의 사회적 책임이라는 이슈에 대해서도 절대적으로 무엇이 옳은 일이라고 단정할 수 없다.

경제적인 측면에서든, 윤리적인 측면에서든 내가 만나는 젊은 디자이너들이나 디자이너 지망생들은 대부분 디자이너의 사회적 책임에 대해 꽤 낭만적으로 생각한다. 또한 그만큼 디자인 재능 기부 등에 참여하지 못하는 자신의 현실에 죄책감을 느끼는 이들도 많다. 물론 디자이너의 책임은 늘 중요한 문제다. 그러나 그 전에 먼저 자신의 역할에 충실해야 한다는 이야기를 꼭 해 주고 싶다. 사회적 책임을 다하고자 하는 의지도, 사회적 책임을 다하지 못한 것에 대한 아쉬움도 모두 자신의 역할을 온전히 해낸 이후에 생각할 문제다. 디자인이라는 일 자체가 사회에 기여할 수 있는 가능성이 큰 업종이다. 디자이너가 이 사회에서 자신의 역할을 충실히 하는 것이야말로 사회적 책임을 다 하고 있는 것이 아닐까.

foresight
creator

모두의
크리에이티브 전략

미래를 예측하는 디자인

디자이너의 상상력

1990년대에 디자인을 공부하던 전 세계 학생들을 열광시킨 책이 있었다. 바로 네덜란드의 필립스 그룹에서 독립한 디자인 회사 필립스 디자인(Philips Design)에서 1996년에 발간한 『비전 오브 더 퓨처 (*Vision of the Future*)』라는 책이었다. 이 책의 내용은 대부분 향후 10년 후 새롭게 구현될 미래의 라이프스타일을 상상하며 미래 지향적인 제품과 서비스에 대한 디자인 콘셉트를 정리한 것이었다. 인간이 상상을 통해 어떻게 세상을 바라보고 어떻게 세상을 바꾸는지를 꽤 구체적으로 예측했다는 점에서 당시 디자인을 공부하는 학생들에게 이 책은 큰 화젯거리가 되었다. 학교에서 친구들은 이 책을 옆구리에 끼고 다니면서 늘 논쟁을 벌이곤 했다. 과연 책에 쓰인 내용대로 미래가 펼쳐질 것인가 하는 의구심도 있었고, 쓸데없는 공상을 정리해 둔 책이 아니냐는 의견도 있었다. 하지만 17여 년이 지난 지금 돌이켜 보면 당시 책에 소개된 미래에 대한 발상 중 80퍼센트 정도는 실현되었음을 알 수 있다.

이 책에서 최초의 스마트폰으로 소개된 '시바(Shiva)'가 좋은 예다. 필립스는 '시바'를 통해 당시 통신 수단으로만 여겼던 사각형 무전기 타입의 휴대폰이 언젠가는 모든 커뮤니케이션의 필수적인 요소가 될 것이라고 예측했다. 스타일러스 펜으로 화면에 직접 메모도 할 수 있고, 음성으로 명령을 내리거나 메시지를 보낼 수도 있도록 고안된 이 제품은 현재 완전히 대중화된 스마트폰 디자인의 기본 골격이 되었다. '비디오폰 와치(Video Phone Watches)'라 이름을 지은 손목시계 형태의 휴대전화도 생각난다. 영상 통화가 가능한 미래형 휴대폰이었는데, 당시에는 공상과학 영화의 한 장면처럼 허무맹랑하다고 생각했지만 이 아이디어 역시 상용화되었다. 모르는 글자의 이미지를 스캔하면 그 자리에서 자유로운 의사소통이 가능하도록 도와준다는 '시 미, 히어 미(See me, Hear me)' 제품 역시 현재 애플리케이션 등으로 구현되고 있는 것이다.

그렇다면 혹자는 이렇게 질문할지도 모르겠다. 약 20년 전 디자이너들이 상상한 미래의 환경이 어떻게 요즘 시대에 실현될 수 있었을

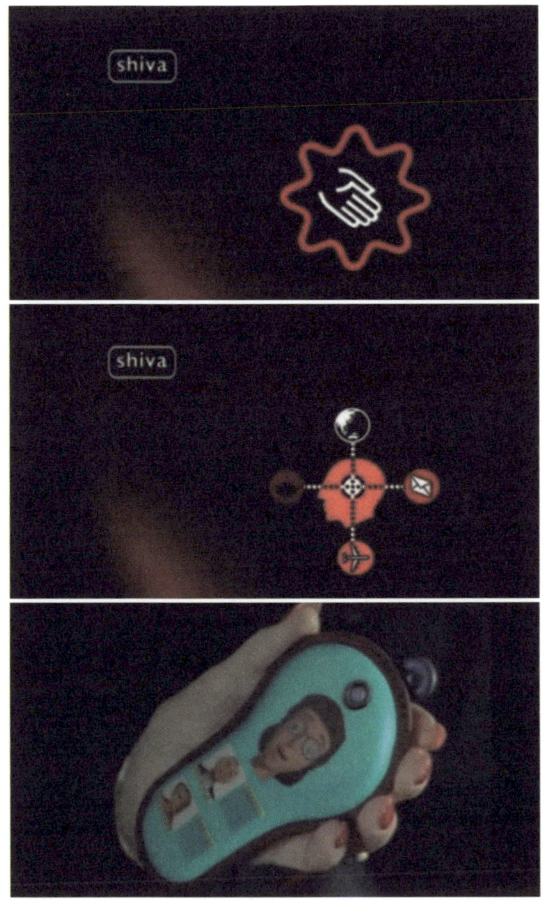

필립스 디자인에서 제작한 영상 「비전 오브 더 퓨처」에 소개된 스마트폰 시바
필립스 디자인은 1996년에 『비전 오브 더 퓨처』라는 책을 발간하면서 이 내용을
바탕으로 미래의 디자인 콘셉트를 소개하는 영상을 제작했다. 이 영상에는
'시바'라고 하는 최초의 스마트폰이 등장한다. 메모, 음성 명령, 화상 통화 등
오늘날의 스마트폰에서 구현된 거의 모든 기능을 예측했다.

까? 디자이너들은 일반인과는 다른 예지 능력이라도 가지고 있는 것일까? 나는 이 질문에 디자이너의 궁극적인 역할이 바로 미래를 상상하고, 예측하고, 시뮬레이션해서 실현하는 것이기 때문에 가능했다고 대답하고 싶다.

포어사이트 디자인

'상상'은 디자이너의 특권이자 의무다. 나는 언젠가 인간이 멸망한다면 그 이유는 상상하지 않았기 때문일 거라고 '상상'하곤 한다. 말하자면 우리가 상상하기만 하면 언젠가는 그것이 실현될 수 있다는 것이다. 1800년대 말 '과학 소설'의 선구자인 쥘 베른(Jules Verne, 1828~1905)이 『지구에서 달까지(*De la Terre a la Lune*)』(1867)라는 소설을 쓴 지 한 세기가 지난 후, 1969년 아폴로 11호가 소설에서와 같은 방법으로 발사되었다는 사실은 인간의 상상이 어떻게 미래에 영향을 미치는지를 보여 주는 증거다. "한 사람이 상상할 수 있는 것은 다른 사람이 실현할 수 있다."고 주장한 베른의 말이 과연 옳았던 것이다.

나는 소설가처럼 디자이너 역시 상상을 현실로 구현해 주는 사람이라고 생각한다. 소설가가 글과 말을 통해 상상을 펼친다면, 디자이너는 사물을 통해 자신의 상상을 구현한다. 더 나아가 디자이너는 직접 만지고 눈으로 보는 사물의 영역을 넘어 인간의 행동과 의식에도 디자인 상상력을 투영할 수 있다. 디자이너가 현실에만 머물러 있고 현재에 안주한다면, 그가 펼치는 상상력에는 제약이 따를 수밖에 없다. 그렇기 때문에 디자인은 미래를 내다보는 동시에 사람을 내다보는 영역이라고 할 수 있다.

물론 디자이너들의 '상상'은 자신만의 판단이나 경험에 의존한 무책임한 발상은 아니다. 그리고 현실 감각을 아예 배제하라는 이야기도 아니다. 다른 분야와 마찬가지로 성공적인 디자인을 위해서는 기본적으로 수치를 토대로 한 정량적(定量的) 자료와 전문적인 견해나 판단을 근거로 한 정성적(定性的) 자료를 비교 분석한 후 이를 구현할 수 있는 시기를 꼼꼼히 파악해 최상의 시나리오를 만들어야 한다. 디자인이 여타의 분야와 다른 점은 디자이너는 이런 시나리오를 사용자 또는 미래의 잠재 고객 등이 쉽게 이해하고 공유함으로써 효과적으로 커뮤니케이션할 수 있도록 '시각화 작업'을 진행한다는 것이다. 이때 디자이너들의 상상은 먼 미래를 그려 보는 '이매진(imagine)'이라기보다는 가까운 미래를 예측하는 '포어사이트(foresight)'라고 할 수 있다. 이 포어사이트의 방법으로 미래에 일어날 수 있을 만한 일들을 예측하고 각 분야의 지식과 기술을 융합하면서 미래의 불확실성에 대응하는 것이다.

이를 테면 건설 회사들은 4~5년 후의 주거 생활과 라이프스타일의 변화를 상상하면서 디자인하는 작업을 한다. 4~5년이라는 시간은 라이프스타일이 전면 수정되기에는 짧은 시간이지만, 작은 변화들이 충분히 생길 수 있는 시간이기도 하다. 그래서 이들은 다양한 가정을 대상으로 리서치를 시행해 몇 년 후에는 1인 가구가 많아질 것이다, 가구는 어떻게 변할 것이다, 사람들의 일상에는 어떤 변화가 생길 것이다 등과 같이 사람들의 행태를 분석한 결과를 도출한다. 그런 다음 이 결과를 바탕으로 미래의 생활공간을 예측하고 그려 보는 것이다.

좀 더 먼 미래를 상상하는 프로젝트도 있었다. 2007년 삼성물산에서 추진한 '미래 하우징 시나리오' 개발 사업은 미래의 주택이 어떻게 변화할 것인가를 상상하고 기술을 어떻게 구현할 수 있을지 예측하는 프로젝트였다. 또한 현재 탠저린이 참여하고 있는 도요타의 미래 자동차 개발 프로젝트도 당장 출시할 수 있는 제품을 디자인하는 것뿐만 아니라 미래를 상상하는 일이 디자인에서 얼마나 중요한 동력이 되는지 말해 준다. '콘셉트 카'란 미래에 이런 차를 만들겠다는 자동차 회사의 계획과 의지가 담긴 모델을 의미한다. 미래의 자동차 모델을 미리 상상하고 보여 줌으로써 자동차 기술과 산업의 발전을 이끌 수 있다는 점에서 매년 모터쇼에서 선보이는 국내외 자동차 회사의 콘셉트 카는 중요한 의미를 지닌다. 도요타는 2005년 아이치현 만국박람회를 위해 파피 홈(PAPI Home)이라는 미래 주택을 선보이는 데 후원한 바도 있다. 도요타 자동차 박물관 인근의 언덕 위에 있는 파피 홈은 자동차와 주택이 에너지와 각종 정보를 주고받을 수 있는 시스템을 갖췄다는 특징으로 주목받기도 했다.

비전 오브 더 휴먼

앞서 소개한 필립스 디자인의 『비전 오브 더 퓨처』가 미래 시스템을 디자인하는 전략이라면, 이런 디자인들이 우리 인간에게 어떤 혜택을 줄 것인가를 미리 전략적으로 접근하기 위해서 필요한 것이 바로 '비전 오브 더 휴먼'이다. 디자인으로 미래를 상상하고 이를 실현하는 과정이 단지 디자인 자체를 위한 것에 불과하다면 그것은 공상일 뿐이다. 디자인은 미래를 예측하는 동시에 사람을 내다보는 영역이므로 미래 디자인의 지향점은 항상 사용자를 염두에 두어야 한다. 『비전 오브 더 퓨처』에서 제시한 상상이 인간을 배제한 채 공상으로 그쳤다면, 이 책이 지금까지 '디자인의 새로운 가치와 역할을 제시한 책'으로 회자될 수는 없었을 것이다.

필립스 디자인 센터는 『비전 오브 더 퓨처』에서 제시한 상상을 성공적으로 실현시키기 위해 중요한 디자인 방법론을 활용했다. 그것

도요타의 콘셉트 카 디자인

탠저린은 도요타의 미래 자동차 개발 프로젝트에 참여하고 있다. 콘셉트 카는 자동차
회사가 미래에 개발하고자 하는 자동차 모델을 미리 상상하고 보여 주는 것으로, 자동차
회사의 계획과 의지가 담겨 있다. 2005년 탠저린이 작업한 도요타의 이 콘셉트 카는
도시에 거주하는 직장 여성을 위한 자동자를 디자인한 것이다.

은 바로 '토털 디자인(total design)'이다. 토털 디자인은 영국 스트래
스클라이드 대학교의 스튜어트 퓨(Stuart Pugh)라는 교수가 쓴 『토털
디자인: 성공적인 제품 엔지니어링을 위한 통합적 방법(*Total Design:
Integrated Methods for Successful Product Engineering*)』(1991)이라는 책을 통
해 처음으로 소개됐다. 스튜어트 퓨는 "토털 디자인은 시장과 사용
자의 요구부터 그 요구를 충족시키기 위한 성공적인 상품 세일즈까
지 포함한 조직적 활동으로, 제품, 프로세스, 사람, 그리고 조직을 모
두 아우르는 활동이다."라고 정의함으로써 디자인의 영역을 확장시
켰다.

이는 한마디로 모든 프로세스를 한곳에 모아 두고 함께 고민한다
는 것이다. 기존에는 기획전략 팀이나 개발부서에서 제품을 기획하
면 디자인 부서가 주어진 제품의 사양에 근거하여 디자인을 하고,
그 후 엔지니어링 부서가 그 디자인을 실제 제품화하는 과정을 거쳐
마케팅 부서가 이를 효과적으로 판매할 전략을 마련하는 단계로 진
행되는 식이었다. 그러나 토털 디자인의 개념을 도입한 후에는 인류
학이나 민족지학, 심리학, 철학, 미래학 등의 전문가를 포함한 인지공
학 팀과 기술을 담당하는 엔지니어링 팀, 마케팅과 영업부서까지 모
두 한곳에 모아 프로세스를 진행한다.

스튜어트 퓨에 의하면 이전에는 각자의 부분에만 집중하는 '부
분 디자인(partial design)'의 방식으로 제품을 만들었다. 디자이너나

엔지니어는 제품의 개별적인 설계 과정에서 해당 분야의 업무만 수행했고, 디자인이 전체적인 제품 개발 프로세스 안의 한 단계로 포함되는 경우가 흔치 않았다. 그러나 이는 시장과 사용자의 요구나 비기술적 자원에 대한 고려가 부족하다는 문제로 인해 상업적 실패로 이어졌다. 이때 토털 디자인은 기술 및 비기술적인 부분들까지 통합하는 뚜렷한 운영 구조를 제공했으며, 효율적이고 효과적인 제품 개발을 가능하게 했던 것이다.

이러한 토털 디자인의 과정을 통해 생산자나 디자이너가 생산 단계에서 시행착오와 시간을 절약할 수 있었던 것은 물론이다. 또한 디자인을 위한 디자인이 아니라 디자인을 사용하는 사람들을 위한 디자인에 관심을 가지게 되었다. 인류학자, 철학자, 심리학자 등으로 구성된 인지공학 팀은 결국 사용자의 입장에서 대두되는 다양한 문제들을 해결하는 팀이기 때문이다. 필립스 디자인의 『비전 오브 더 퓨처』가 시공간과 제품의 통합화, 감성과 그린 디자인의 문제 등 인간을 위한 다양한 분야의 패러다임을 제시했다는 점에서도 이들의 토털 디자인이 '비전 오브 더 휴먼'이라는 슬로건과 만났음을 알 수 있다. 상상이 문명 발전의 근원이라면 이 상상을 실현하는 것은 결국 디자인이다. 그리고 이 디자인이 인간 중심의 가치를 모색할 때, 디자인이야말로 우리에게 주는 가장 큰 혜택일 것이다.

K디자인에 대한 단상

K디자인은 한국적인 디자인?

전 세계적으로 K팝이 선풍적인 인기를 끌기 시작하면서 한국 디자인계에서도 K디자인을 정립해야 한다는 목소리가 높아지고 있다. 하지만 K디자인이라는 단어를 사용할 때 특별히 유의해야 할 것이 있다. 'K디자인'이 '한국적인 디자인'과 동의어는 아니라는 것이다. K팝이 음악의 다양한 가치를 우리만의 방식으로 재해석해 만든 결과물인 것처럼, K디자인도 '코리아'라는 영역을 넘어서는 새로운 가치를 발견해야 비로소 제 역할을 할 수 있다고 생각한다. 디자인이 민족의 가치를 대표하는 역할을 하기도 하지만, 이와 동시에 어느 국가나 민족에도 예속되지 않는 절대적인 핵심 가치를 찾아야 하는 것이다. 말하자면 K디자인은 '메이드 인 코리아(Made in Korea)'나 '디자인 바이 코리아(Design by Korea)', 그리고 '코리안 디자인(Korean Design)'만을 뜻하는 것이 아니다.

오늘날 영국이 디자인 종주국이 될 수 있었던 것도 이들이 '영국적인 디자인'에 몰입한 것이 아니라 디자인 산업의 역량을 키우기 위해 노력했기 때문이다. 영국은 1837년 세계 최초로 디자인 전문 학교인 디자인 정부 학교(Government School of Design)를 설립해 일찌감치 제조업의 발전과 디자인 산업의 중요성을 설파했고, 1896년에 로열 칼리지 오브 아트(Royal College of Art)라는 이름으로 개명하여 디자인 명문으로서 명맥을 이어가고 있다. 1851년에는 런던의 수정궁(Crystal Palace)에서 만국박람회를 개최함으로써 디자인 산업의 기초를 구축하기에 이르렀다. 당시 영국은 만국박람회를 통해 대량 생산을 가능하게 하는 산업혁명의 정착, 소재와 마감을 혁신하는 새로운 건축, 그리고 생산 설계의 표준화와 부품의 규격화라는 패러다임을 확립했다. 이 패러다임을 바탕으로 오늘날까지 꾸준히 디자인 산업을 발전시켰고, 영국의 수도인 런던은 곧 현대 디자인의 발전 역사를 고스란히 간직한 디자인의 수도가 되었다.

영국에 비해 한국의 디자인 역사는 턱없이 짧은 편이다. 한국에서는 1960년대 초부터 디자인에 관심을 갖기 시작했고 이에 발맞춰 디자인 학과들이 속속 생겨나기 시작했으니 겨우 50년 남짓한 역사

1851년 런던 수정궁에서 열린 만국박람회
영국이 디자인 종주국이 될 수 있었던 것은 오래 전부터 디자인 산업의 역량을
키우고자 하는 노력이 있었기 때문이다. 산업혁명을 주도했던 런던은 세계 최초로
만국박람회를 개최함으로써 디자인 산업의 기초를 구축할 수 있었다.

를 갖고 있을 뿐이다. 정권이 바뀌면 디자인 정책도 그에 따라 바뀌어 버리는 등 디자인에 대한 인식이 부족하다는 점, 다국적 기업에 속한 디자이너들은 많지만 개별적으로 활동하면서도 전 세계에서 인정을 받는 디자이너가 많지 않다는 점도 모두 짧은 역사에서 기인하는 문제점이다. 따라서 디자인 후발 주자인 우리가 스스로를 차별화할 수 있는 무기가 필요하며, K디자인 역시 우리를 차별화할 수 있는 새로운 디자인의 패러다임으로 인식하고 활용해야 한다.

한국 디자인은 어디에 강한가

한국의 디자인을 K디자인으로 차별화하기 위해서는 한국 디자인의 강점과 약점을 먼저 파악해야 한다. 이를 위해 우리가 일상생활에서 사용하는 제품을 디자인 영역에 따라 나누어 보면, 대략 라이프 테크(Life Tech), 라이프 웨어(Life Ware), 그리고 라이프 스페이스(Life Space)라는 세 가지 제품군으로 분류할 수 있다. 라이프 테크 제품은 기존에 존재하지 않았던 기술을 통해 새로운 사용자 경험을 주는 제품들로, 휴대폰이나 MP3 플레이어 제품군이 좋은 예다. 그리고 라이프 웨어는 의자나 가구 등 주변에서 흔히 보는 생활용품과 같이 인류가 길게는 수천 년 전부터 사용해 오던 제품군이다. 마지막으로 라이프 스페이스는 공간으로서의 가치를 지니는 것으로 항공기, 기차, 자동차 같은 공간 복합형 제품군을 말한다.

그 중에서 한국 디자인이 강세를 보이고 있는 분야는 라이프 테크와 라이프 스페이스 제품들이다. 특히 라이프 테크 제품의 디자인 수준은 선진국 대비 95퍼센트 이상의 수준에 도달해 있고, 휴대폰 디자인 등 몇몇 제품은 짧은 역사에도 불구하고 전 세계적으로도 우수한 디자인을 보여 주고 있다. 또한 라이프 스페이스 분야의 디자인도 최근 괄목할 만한 발전을 이루었다. 한국의 자동차 브랜드는 해외 시장에서 꾸준히 호평을 받으며 인지도를 높이고 있으며, 특히 해외 일류 브랜드에서 자동차를 디자인하는 많은 한국 디자이너들을 볼 때 이 분야에서 우리의 예상보다 더 우수한 디자인을 선보이고 있음을 알게 된다.

나는 한국 디자인이 이렇게 성장할 수 있었던 가장 큰 이유로 디자이너들의 열정을 꼽고 싶다. 해외 시장에서 활동하고 있는 한국의 젊은 신진 디자이너들의 열정은 이미 유명한데, 일본의 모 기업 디자인 센터에서 일하는 한국 디자이너들이 일본 자국의 디자이너들보다 더 신뢰할 만한 주인의식과 책임감을 가지고 일한다는 평가를 받을 정도다. 고객에 대한 이해의 폭과 깊이가 남다르다는 것도 한국 디자인의 큰 장점이다. 디자인을 사용할 고객에 대한 교감은 디자이너가 갖추어야 할 중요한 덕목 중 하나다. 고객의 입장에서 고객의 경험을 공유하고 같은 즐거움과 불편함을 느낄 수 있어야 비로소 제대로 된 소통이 이루어지기 때문이다.

라이프 웨어 제품군의 디자인 역량을 키워라

우리나라 중소기업 생산품의 대부분을 차지하는 라이프 웨어 제품군의 디자인 역량은 디자인 선도 국가에 비해 현저하게 떨어지는 실정이다. 다이내믹하고 방대한 네트워크를 바탕으로 한 중국의 디자인이 새롭게 주목받고 있고, 오랜 시간 차근차근 발전해 온 일본의 디자인이 안정적이라는 평가를 받는 데 비해 한국의 라이프 웨어 제품들은 그다지 두각을 나타내지 못했다.

최근 중국의 디자인은 탄탄한 네트워크를 구축하고 훌륭한 디자인 인재를 양성함으로써 이를 발판으로 세계 디자인계에서 두각을 나타내고 있다. 중국 진출을 희망하는 세계의 다국적 기업들은 앞다투어 중국의 디자인 학교나 디자인 회사와 협업 관계를 구축하고 있으며, 중국 시장에 적합한 디자인 발굴을 위해 아낌없는 투자를 하고 있다. 중국의 디자인 학교 중 일부는 한국의 자동차 디자인 회사에 버금가는 스튜디오를 운영하며 다양한 디자인을 실험하고 있는데, 이 모든 시설이 바로 다국적 자동차 브랜드가 구축한 것이라는 소식을 듣고 나는 부러움을 넘어 위기의식까지 느꼈다. 그뿐만 아니라 지금 해외 유수의 디자인 대학에서는 상당수의 중국 출신 학생들이 학업에 정진하고 있는 상황이니 이들이 훗날 중국으로 귀국하여 중국 디자인 발전에 지대한 역할을 하리라는 건 자명한 사실이다.

중국 디자인이 최근 무서운 성장세를 보이며 동아시아에서 디자인 맹주 자리를 노리고 있다면 일본 디자인은 안정적이고도 기본에 충실한 디자인 프로세스를 발전시켜 온 저력으로 디자인 강대국의 자리를 지키고 있다. 특히 일본 디자인은 오랜 역사를 통해 예측 가능한 디자인으로 자연스럽게 수정 보완되어 왔다. 다만 디자인을 통한 글로벌 네트워크에 대한 접근이 중국만큼 활발하지 않고 한국처럼 적극적이지도 않아서 라이프 웨어 제품군을 제외한 다른 영역에서는 점차 아시아의 1인자 자리에서 멀어지고 있는 실정이다.

라이프 웨어 제품은 산업적 측면에서 큰 영향을 받는다. 일례로 한국에서 만드는 가구가 좋은 평가를 받지 못하는 까닭은 가구 산업이 전반적으로 침체되어 있었기 때문이다. 사용자의 일상에서 가장 빈번하게 사용되면서 라이프스타일의 질적인 향상을 선도하는 이 영역은 기업과 국가의 입장에서는 그 어떤 분야보다 활발한 고용을 창출할 수 있는 분야이기도 하다. 그래서 나는 중소기업 CEO들을 만날 때면 항상 디자인에 대한 투자가 제품 자체에 대한 투자만큼이나 중요하다고 피력한다. 일반 대중들이 가장 일상적으로 사용하는 라이프 웨어 제품의 디자인에 집중 투자한다면, K디자인의 중요성과 장점 역시 자연스럽게 알릴 수 있는 기회가 될 것이다.

K디자인의 정체성 확립을 위하여

나는 한국 디자이너로서 오랫동안 탠저린에서 진행해 온 디자인이 과연 한국 디자인인지, 영국 디자인인지를 놓고 고민한 적이 있다. 영국의 스태프들과 함께 영국의 클라이언트를 대상으로 영국의 디자인 프로세스에 의거하여 영국의 문화적 정체성을 활용해 디자인했으니, 아마도 많은 이들이 이것을 영국 디자인이라고 할지도 모르겠다. 하지만 나는 한국인의 DNA를 뼛속 깊이 가지고 있는 한국인이기 때문에 내가 디자인하는 모든 것이 바로 한국 디자인이라 생각해 왔다. 결국 지리적·문화적 범주를 떠나 세계 곳곳에서 활동하는 한국 디자이너들이 자신의 몸속에 흐르는 한국인의 정신을 바탕으로 디자인하는 그 모든 것이 K디자인이 아닐까 한다.

앞으로 K디자인이 더욱 확고한 정체성을 갖고 정립되기 위해서는 다음과 같은 몇 가지 과제를 해결해야 한다고 생각한다.

첫 번째, 디자인 사대주의에서 탈피해 스스로 당당해져야 한다.

가장 단적인 예로 국제 디자인 공모전에 지나치게 매달리는 한국 디자인의 문제를 지적하고 싶다. 국제 디자인 공모전에서의 수상은 칭찬 받아 마땅한 일이나 이것이 곧 한국 디자인의 위상을 입증하는 건 아니다. 디자인 선진국에서 개최하는 디자인 공모전은 그 나라의 산업 발전을 위해 만들어졌거나 심지어 개인이 자신의 사업 수단으로 활용하는 일종의 개인 사업인 경우도 있다. 그럼에도 불구하고 검증되지 않은 해외의 디자인 공모전에서 수상한 사실이 한국의 정부 기관에서 주최하는 디자인 공모전보다도 더 큰 성과를 이룬 것처럼 인식하는 것은 문제다. 한국 디자이너가 한국의 디자인 공모전 역시 세계 최고로 인식하고 자랑스러워 할 때 한국 디자인의 질적 수준도 한층 더 발전할 것이라고 생각한다.

두 번째, K디자인은 앞서 언급한 대로 전체 산업군에서 골고루 발전해야 한다. 휴대폰이나 텔레비전 등 라이프 테크 제품군뿐만 아니라 우리가 자주 사용하는 주방 용품부터 가구에 이르기까지 균형 있는 발전을 이룰 수 있어야 한국도 디자인 선진국으로 인정받을 수 있을 것이다.

세 번째, K디자인은 대기업과 중소기업의 균형 있는 발전 속에서 그 답을 찾아야 한다. 사실 어떤 사회의 조직이든 첨예한 구조적 문제를 안고 있기 마련이지만, 한국의 디자인 조직만큼 구조적인 불균형을 보이는 곳도 흔치 않다. 일례로 한국에는 세계에서 손꼽히는 규모의 화려한 디자인 조직을 가진 삼성, LG, 현대가 존재하는 동시에, 일하는 디자이너에 대한 보수와 대우가 턱없이 낮은 중소기업의 디자인 조직이나 소규모 디자인 회사도 있다. 우수한 인재들은 아무래도 좋은 환경에서 일할 수 있는 대기업에 집중될 수밖에 없다. 따라서 디자인 발전도 대기업에서 다루는 제품군 이외에서는 기대하기 어려운 실정이다.

유럽이 디자인 선진국으로 인정받는 까닭은 이들이 양질의 디자인 제품을 선보이기 때문이기도 하지만, 무엇보다 디자인 인력이 합리적으로 잘 분배되어 있기 때문이다. 영국 정부만 하더라도 탠저린 같은 디자인 회사에 아낌없는 지원을 해 주고 있다. 덕분에 영국 디자이너들은 자신의 취향과 개성, 관심과 비전에 따라 합리적으로 회사를 선택한다. 디자이너들의 이런 소신 있는 선택과 판단이, 그 이름이 K디자인이든 무엇이든 간에 한국을 대표하는 훌륭한 디자인으로 이어지리라는 것은 더 설명할 필요가 없을 것이다.

경험을 혁신하는 디자인

역발상의 디자인

런던은 명실상부 유럽 최대의 도시다. 라이벌 도시인 파리와 비교하더라도 도시 면적만 놓고 보면 파리의 10배가 넘고, 런던의 인구는 파리의 3배에 달한다. 1인당 국내총생산(GDP)도 런던 중심부가 유럽 전체에서 가장 높아 가장 부유한 지역으로 알려져 있다. 몇 년째 계속되고 있는 유럽의 경기 불황에도 불구하고 런던이 유럽의 다른 도시에 비해 역동적인 건 최근 유럽연합의 확대로 동유럽 및 기타 주변 국가에서 많은 사람들이 유입되고 있기 때문이다. 이렇게 도시 인구가 늘어나면서 런던에는 활기가 넘쳤다. 부작용도 뒤따랐다. 그렇지 않아도 런던의 도로는 좁기로 유명한데, 그 좁은 도로에 더 많

은 차들이 넘쳐나게 된 것이다. 대책이 필요했다. 이런 경우 일반적
으로 도로를 넓혀 증가하는 교통량을 조절할 거라고 생각할 것이다.
그러나 런던 시는 역발상의 묘미를 발휘했다.

시 당국은 아무리 차도를 넓혀도 불어나는 자동차의 수를 감당
하기란 불가능한 상황임을 간파했다. 런던에서 가장 혼잡하다는 옥
스퍼드 스트리트조차 차도를 넓히는 대신 오히려 인도를 넓힌 것이
다. 말하자면 길의 개념을 차 중심의 도로에서 사람 중심의 인도로
바꾼 셈이다. 더욱 놀라운 건 런던 시민들의 반응이었다. 자동차가
좁은 도로를 다녀야 하는 것에 불편함을 호소한 것이 아니라 반대
로 인도가 더 넓어졌다는 사실에 환호했다. 그 후 런던 사람들은 옥
스퍼드 스트리트에 나올 때 차를 두고 대중교통을 이용하기 시작했
으며, 차로 붐비던 이 거리는 점차 여유로워졌다.

런던에서 돌아와 한국에서 래미안 주택사업부의 일을 진행하던
중 당시 삼성물산 디자인실 담당 임원은 아파트 수납공간에 역발상
을 적용해 보자고 제안했다. 거의 모든 건설사들의 가장 큰 고민거
리는 바로 아파트의 수납공간을 어떻게 확보하는가의 문제다. 물리
적으로 면적과 평형이 한정된 공간 안에서 더 넓은 수납공간을 확보
하는 건 쉬운 일이 아니다. 게다가 그 공간을 채우는 많은 물건을 실
제 사용하고 있으면서 되도록 넓은 공간을 쓰고 싶어 하는 고객들
의 기대치를 충족시키는 건 더욱 어려운 문제였다. 이런 상황에 옥스

퍼드 스트리트의 사례를 대입하니 결론이 나왔다. 우리가 평소에는 전혀 거들떠보지 않고 처박아 두었다가 이사할 때에야 비로소 그 존재를 알게 되는 물건들이 얼마나 많은가? 우리에게 진정 필요한 건 물건을 더 많이 쌓을 수납공간을 확보하는 것이 아니라 불필요한 물건을 필요한 누군가에게 나누어 줌으로써 공간을 확보하게 한다는 사고의 전환이었다. 이것 역시 경험을 분석하여 디자인하는 경험 디자인이다.

위의 두 가지 사례는 디자인이 기존의 고정관념이나 선입견을 없애고, 사람들의 사고를 전환시키며, 이로써 행동의 변화를 가져온다는 것을 증명하고 있다. 인간의 경험을 잘 분석하여 그 경험을 문제 해결을 위한 새로운 방향으로 이끈다면, 그것이 곧 그 동안 보지 못했던 좋은 디자인의 결과물로 도출될 수 있는 것이다. 이러한 디자인 방식은 '사용자 경험(User Experience, UX)'이라는 이름으로 전 세계 디자인계에서 화두가 된 지 꽤 오래됐다.

디자인의 영역을 넓힌 경험 디자인

경험 디자인이란 단순하게 '경험을 디자인하는 것'이기도 하지만, 더 정확하게 말하자면 사용자의 경험을 최적화하기 위해 무엇인가를 디자인하는 것을 의미한다. 그 '무엇'은 제품이 될 수도 있고, 서비스가 될 수도 있으며, 시스템도 될 수 있다. 생활수준을 향상시키기 위한 시스템의 개선, 미래를 내다보는 새로운 서비스의 제안 등 그 모든 것이 디자인의 대상이 된다. 요즘 자주 언급되는 서비스 디자인 역시 경험 디자인의 일부로 볼 수 있다.

세계에서 가장 오래된 디자인 교육 기관인 영국의 로열 칼리지 오브 아트에도 최근 서비스 디자인학과가 새로 개설됐다. 실무 중심의 디자인 교육을 중시하던 이 학교에 서비스 디자인학과가 만들어졌다는 것은 서비스를 디자인의 영역에 포함하겠다는 의지를 상징적으로 나타낸다고 볼 수 있다. 경제의 75퍼센트가 서비스 산업이 차지하고 있는 영국이기에 서비스 디자인에도 적극적으로 개입함으로써 그 중요성을 피력하고 있는 것이다.

경험 디자인의 가장 큰 의의는 일반적인 디자인의 영역을 크게 넓힌다는 것에 있다. 이전에는 디자인이 제품의 내·외관을 아름답게 만드는 것에 그쳤다면, 이제는 서비스 등을 이용해 이 제품을 사용하는 사람의 경험을 최고로 만드는 것에 초점을 맞춘다. 텔레비전 광고만 보더라도 경험 디자인이 얼마나 중요해졌는지 알 수 있다. 예를 들어 예전의 전자제품 광고는 거의 성능을 자랑하는 내용을 위주로 했지만, 지금은 이 전자제품을 사용함으로써 어떤 경험을 할 수 있고, 어떤 감성을 얻을 수 있는가를 드러낸다. 2012년에 출시된

시스코의 다이얼로그 카페

2010년 탠저린은 미국의 네트워크 통신 회사 시스코의 의뢰로 다이얼로그 카페라는
서비스 디자인 프로젝트를 진행했다. 다양한 문화권에 속한 여행객들이 공항에서
먼 거리에 있는 상대방과 원활한 소통이 가능하도록 하는 쌍방향 영상 커뮤니케이션
시스템으로, 시스코의 사회 기여 프로젝트 중 하나다. 이 프로젝트에는 앨 고어
전 미국 부통령, 요르단 왕비 등이 자문위원으로 참여하기도 했다.

아이패드4의 텔레비전 광고가 그 대표적인 예다. '맛있는', '최신의', '재미있는', '생산적인', '마법의' 등의 단어를 보여 줌으로써, 궁극적으로 이 제품이 당신의 경험을 즐겁게 한다는 의미를 전달한다.

디자인도 결국은 사람을 위한 것이다

디자인이 영역을 경험으로 확장함에 따라 디자이너의 역할뿐만 아니라 그 범위도 확장되었다. 디자인은 중요한 산업인 동시에 문화의 산물이다. 디자인 선진국에 가 보면 디자인에 대한 일반 대중들의 관심이 우리보다 훨씬 더 깊고 다채롭다는 걸 알 수 있다. 디자인은 전문적인 경험을 필요로 하기도 하지만, 우리 생활에서 볼 수 있는 모든 필요한 것에 대한 요구와 불편한 것에 대한 개선을 고민하는 것 역시 디자인 활동이라고 볼 수 있기 때문이다. 다시 말해 디자인은 디자이너들만의 특별한 영역이 아니라 일반 대중들의 영역이 될 수도 있는 것이다.

디자이너의 범위가 확장되면서 반드시 디자인을 전공하지 않은 사람이라도 디자이너가 될 수 있다는 것 역시 큰 변화 중 하나다. 톰 딕슨(Tom Dixon)이라는 영국 디자이너는 대학에서 디자인을 전공하지 않았음에도 불구하고 유럽 유수 브랜드의 크리에이티브 디렉

터를 역임하며 왕성한 활동을 하고 있다. 그의 디자인에는 틀에 얽매이지 않는 자유로운 사고방식이 그대로 녹아 있으며, 가구나 조명, 인테리어, 건축 등 다양한 분야에서 개성 있는 디자인을 선보이고 있다. 비단 톰 딕슨만이 아니라 정규 교육을 받지 않고 왕성한 디자인 활동을 하는 디자이너는 많다. 요즘 디자이너들에게 어디서, 어떤 디자인 정규 교육을 받았는지 질문하는 것 자체가 구태의연하게 느껴질 정도다. 게다가 사회학자, 인문학자, 인지공학자들에게도 디자이너라는 이름이 자연스럽게 주어지고 있다.

다양한 분야의 사람들이 모두 '디자인'이라는 공통의 언어로 활동하는 것은 바로 디자인의 영역이 제품을 만드는 것에서부터 시스템을 개선하는 연구로 확장되고 있기 때문이다. 시스템을 개선한다는 건 결국 이를 사용하는 사람들을 위한 것이다. '경험 디자인'이라는 단어 자체에서도 알 수 있듯이 경험의 주체는 사람이고, 경험을 혁신하는 디자인의 중심에는 사람이 있다. 즉 경험 디자인의 활성화는 '디자인을 위한 디자인'에서 '사람을 위한 디자인'으로, 디자인의 존재 의미가 바뀌고 있음을 보여 주는 결정적인 증거다.

과연 디자인이
'우리 모두'를 위할 수 있을까

디자인으로 도시 질서를 개선하다

지금으로부터 10여 년 전, '양심 냉장고'를 문화 히트 상품으로 만든 모 방송사의 프로그램이 있었다. 정지선을 지키는 차를 몰래 숨어서 찾아내고 그 운전자에게 냉장고를 상품으로 준다는 내용이었다. 건널목 정지선을 침범하는 자동차들 때문에 보행자가 불편해하니, 운전자에게 질서의식을 고취시키자는 의도로 만든 프로그램이었다. 당시 나는 이 프로그램을 보면서 과연 우리나라 국민의 질서의식이 선진국에 비해 많이 부족한 걸까 의문을 가졌던 기억이 난다.

때마침 그즈음 나는 영국에서 가르치던 학생들을 데리고 단체로 한국에 '스쿨 트립'을 온 적이 있다. 2002년 월드컵으로 한국의 존재가 알려지기 전이라, 학생들은 서울이라는 도시에 대해 잘 몰랐고 낯선 곳에 대한 불안감을 나타냈다. 심지어 몇몇 학생들은 마치 아프리카 오지나 미개한 나라에 가기라도 하듯 예방주사를 맞아야 한다느니, 안전에 각별히 주의해야 한다느니 호들갑을 떨었다. 이들의 반응은 곧 해외에 비춰진 한국 혹은 서울의 이미지였기 때문에, 이들을 인솔하는 교사로서 나는 우울할 수밖에 없었다.

하지만 막상 서울에 온 영국 학생들은 강남대로의 정리 정돈되고 깨끗한 모습에 감탄했다. 특히 당시 역삼역의 지하 공간에 만들어진 공공 수족관을 보고 어떻게 이런 수족관이 파손되지 않고 유지될 수 있는지 놀라워했고, 예방주사 운운했던 학생들은 서울에 대해 찬사를 늘어놓기 시작했다. 그럴 만했던 것이 런던의 버스 정류장은 하루가 멀다 하고 유리가 파손된다. 런던에서는 문화·공공시설을 무차별적으로 파괴하는 '반달리즘(vandalism)' 때문에 골머리를 앓았다. 나는 이렇게 반달리즘이 극성을 부리는 영국에 비해 한국은 오히려 질서의식, 주인의식이 갖춰진 곳이 아닐까 싶었다.

그렇다면 당시 우리에게는 왜 '양심 냉장고'가 필요했을까? 내가 보기엔 그건 정지선을 잘 지키지 않는 것과 같은 질서의식의 부재 때문만이 아니었다. 전방에 신호등을 설치한 탓에 신호를 보기 위해 점점 더 정지선 쪽으로 접근할 수밖에 없도록 디자인된 시스템의 문제도 있었던 것이다.

런던은 운전자들이 비교적 정지선·정차의 룰을 잘 지키는 편이다. 누구를 막론하고 길을 가는 행인이 횡단보도에 한 발짝이라도 들여놓으면 무조건 차를 멈추어야 하는 보행자 우선의 교통 법규 때문이기도 하고, 유럽 CCTV의 4분의 1이 모두 런던에 설치되어 있다는 우스갯소리가 있을 정도로 많은 CCTV가 도로를 감시하고 있기 때문이기도 하다.

그러나 가장 중요한 이유는 신호등의 위치 때문이다. 한국디자인진흥원에서 서비스 디자인에 관해 조사한 자료에 따르면 우리나라는 보통 교차로의 신호등이 정지선에서 멀찌감치 떨어진 전방에 설치되어 있어서 운전자가 횡단보도의 안전선을 무시하고 조금 더 지나쳐 차를 세우기 일쑤지만, 런던은 횡단보도 바로 앞 또는 옆에 신호등이 있기 때문에 운전자가 정지선을 지키지 않고 지나치면 출발 신호를 보기 힘들게 되어 있다고 한다. 이들은 신호등의 모양이나 색깔만큼 위치도 중요한 디자인이라고 믿었고, 이런 사고방식의 결과가 자연스럽게 교통 환경과 도시 질서에도 변화를 가져왔다.

관찰하고, 상상하고, 구성하라

디자인이 도시 질서를 개선할 수 있다는 믿음은 디자인 사고가 바

런던의 횡단보도

런던은 횡단보도 바로 앞 또는 옆에 신호등이 위치해 있다. 따라서 운전자가 정지선을
지키지 않고 지나치면 출발 신호를 보기 힘들게 디자인되었다. 신호등의 모양이나
색깔만큼 신호등의 위치도 중요한 디자인이라고 믿었고, 이런 사고방식의 결과가
자연스럽게 교통 환경과 도시 질서에 변화를 가져왔다.

탕이 되어야 가능하다. '디자인 싱킹(design thinking)'으로도 잘 알려진 디자인 사고란 원래 기업에서 혁신을 불러일으키기 위해 도입한 모델이다. 오늘날에는 디자인의 중요성을 널리 강조하고 있고 디자인을 통해 문제를 해결하거나 혁신적인 방법을 마련한 사례가 늘어나면서 디자인 사고를 비즈니스 모델뿐만 아니라 사회적 차원에서도 적극 활용하고 있다.

디자인 사고의 가장 핵심적인 방법으로는 '관찰'과 '상상', 그리고 '구성', 이렇게 세 가지를 제시한다. 이는 그렇게 특별하거나 거창한 방법론이 아니다. 수십 년의 세월을 거쳐 디자이너들이 습득해 온 전문적인 능력이며, 디자이너들이 일을 수행하는 방식이기도 하다. 즉 인류학적인 접근을 통해 인간을 깊이 관찰하고, 관찰의 결과를 바탕으로 그 의미를 상상해 보며, 여기서 얻은 통찰과 해법이 잘 들어맞도록 사업 모델 또는 제품을 구성하는 것이 디자인적으로 사고하는 법이라는 것이다.

탠저린은 인도에서 굴삭기를 디자인하는 업무를 진행한 적이 있다. 경험 디자인과도 직결되어 있었던 이 프로젝트의 진행 과정을 짚어 보면 디자인 사고가 어떻게 활용되고 전개되는지를 알 수 있다.

지금도 그렇지만 당시 인도는 개발 열풍으로 들썩이고 있었다. 최근 인도 정부는 수도인 뉴델리부터 뭄바이까지의 지역을 산업화된 도시로 만드는 중이다. 이렇다 보니 중장비를 제조하는 기업들은 앞다투어 인도 시장을 겨냥한 중장비를 개발하고 있는데, 탠저린도 다국적 건설 기기 제조사와 함께 인도 시장에 적합한 중장비를 디자인하는 업무를 맡게 되었다.

과거에는 굴삭기를 디자인한다고 하면 제품 하나만 디자인하면 됐지만 이제는 굴삭기가 판매되는 환경뿐만 아니라 금융 지원, 서비스, 유지 보수 관리 등 모든 것을 고려해야 한다. 특히 사용자의 경험적 측면이 강조되는 제품일 경우에는 고객의 경험을 관찰하고 수집된 데이터를 분석해야 새로운 차원의 접근 방법으로 이전보다 개선된 결과물을 얻을 수 있다. 책상 앞에서 생각하는 사용 환경과 실제 사용 환경은 매우 다르기 때문이다.

중장비 기기는 전 세계 시장을 대상으로 하고 있지만, 탠저린에서는 각 국가별 시장 환경에 최적화하는 옵션을 마련해야겠다고 생각했다. 이를테면 인도의 기온은 매우 높을 테니 냉방 시설을 고려하는 등 기후에 영향을 받지 않는 디자인에 초점을 맞추어야겠다고 생각한 것이다. 그러나 막상 인도의 건설 현장을 방문해 보니, 냉난방 시설을 갖춘 중장비는 찾아볼 수 없었다. 그 이유는 인도만의 특별한 상황에 있었다. 여전히 신분제도가 존재했기 때문에 중장비를 구매하는 계층과 사용하는 계층이 확연하게 구분되어 있었던 것이다. 이 때문에 아무리 냉난방 시설이 구비된 훌륭한 디자인이라고 하더라도, 실제 구매 계층에게는 호소력이 떨어진다는 것을 알게 됐다. 본사로 돌아온 우리는 냉난방 문제를 떠나 청소가 용이하고 내부가 개방되어 답답하지 않은 외관과 인테리어로 디자인 방향을 아예 바꾸었다. 구매하는 사람들에게 비용의 부담을 주지 않으면서도 실제 사용하는 사람들의 안전성과 편의성에 초점을 맞춘 것이다.

문화적 차이를 제대로 관찰하지 않았다면 아마도 이런 사실을 간과했을 것이다. 인도의 사례를 통해 우리는 고객을 직접 관찰하고 그들의 사회·문화·정치적 환경과 그것을 구현할 수 있는 기술적 환경에 대한 통합적 이해 없이는 사용자와 구매자에게 적절한 디자인 역시 존재할 수 없다는 것을 알게 되었다. 우리는 추상적으로 그림을 그렸던, 즉 상상했던 개념을 실제 관찰 결과에 근거하여 유효성을 판단했고, 이를 종합적으로 구성하여 결과물을 도출하는 과정을 거쳤다. 이런 과정에는 디자인 사고로 문제를 해결하는 방법이 그대로 녹아 있다.

모두의 삶의 질을 끌어올리기

그렇다면 비즈니스 모델이 아니라 사회적 차원에서는 디자인 사고를 어떻게 활용할 수 있을까. 디자인 사고가 사회적 차원에서 유효하려면 개인의 삶에서도 디자인을 통해 긍정적인 변화를 불러와야

FUEL-CELL HYBRID
SYSTEM

현대중공업의 의뢰로 디자인한 미래 중장비 기기의 콘셉트 디자인

과거에는 굴삭기를 디자인한다고 하면 제품 하나만 디자인하면 됐지만 이제는
굴삭기가 판매되는 환경뿐만 아니라 금융 지원, 서비스, 유지 보수 관리 등 모든 것을
고려해야 한다. 특히 사용자의 경험적 측면이 강조되는 제품일 경우에는 고객의 경험을
관찰하고 수집된 데이터를 잘 분석해야 이전보다 개선된 결과물을 얻을 수 있다.

하고, 더 나아가 모두의 삶에 기여할 수 있어야 한다. 디자인으로 사회적 문제를 해결하기 위해 디자인 사고라는 방법론을 활용하더라도 여기에는 좀 더 거시적인 안목과 윤리적 책임을 요구한다.

디자인 사고는 기업적 모델로 크게 주목을 받았지만, 이런 사회적 이슈를 포함한 문제는 이미 오래전부터 세계 각국의 디자인계에서 꾸준히 논의되어 왔다. '모두를 위한 디자인(Design for All)', '유니버설 디자인(Universal Design)', '인클루시브 디자인(Inclusive Design)' 등으로 불리는 개념이 바로 그것이다. '모두를 위한 디자인'은 북유럽 디자인의 핵심 철학으로서 그들의 복지 정책과 사회적 배경에 영향을 받았다. 영국에서 인클루시브 디자인을 개척하는 동안, 미국에서는 장애인 법과 관련해 유니버설 디자인이라는 개념이 정비되었다. 영국은 지난 10년 동안 일본과 함께 매년 '인클루시브 디자인'이라는 이름의 행사를 진행해 왔다. 몇 개의 디자인 회사가 연합하여 팀을 만들어 사회적 약자를 위한 디자인 개선을 목표로 경합을 벌이는 것이다. 탠저린도 지난 2005년에 이 행사에 참가해 시각 장애인을 위한 현금 인출기 사용 프로세스를 개선하는 디자인으로 최종 우승을 차지한 바 있다.

이러한 개념들이 성립된 배경은 조금씩 다르지만, 디자인을 통해 장애인이나 노인 등 사회적 약자를 배려하고 디자인의 혜택을 누리지 못한 소외된 계층을 포용한다는 취지는 동일하다. 여기에는 디자

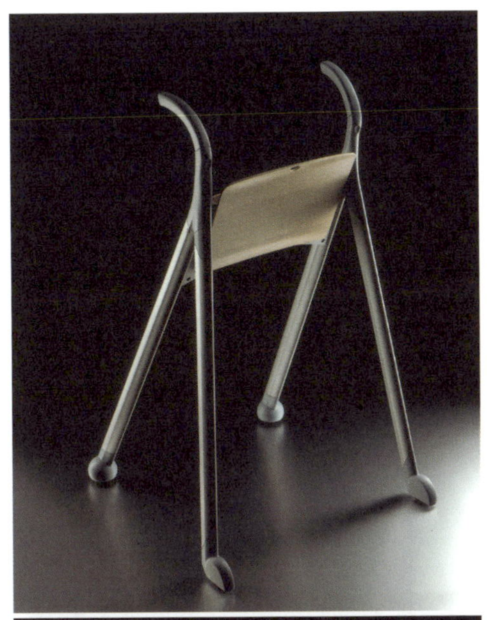

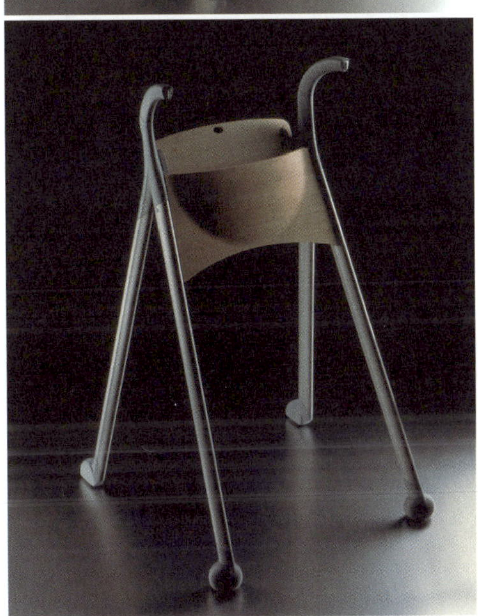

**탠저린이 디자인한
장애인을 위한 보행 보조기
액티브 워킹 프레임(Activ
walking frame)**

이 보행 보조기는 센트럴
세인트 마틴 예술대학과
'디자인 포 어빌리티(Design
for Ability)'라는 리서치 그룹과
함께 장애인의 라이프스타일과
이동에 대한 욕구를 연구하여
디자인한 것이다. 디자인을
통해 장애인이나 노인 등 사회적
약자를 배려하고 디자인의
혜택을 누리지 못하는 소외된
계층을 포용한다는 취지를
가지고 있다.

인 사고의 방법론도 그대로 적용된다. 즉 문화적 배경, 나이, 성별, 종교, 성적 취향 등으로 나타나는 인간의 다양성을 인정하는 데서 출발해 사용자의 행위를 세심하게 관찰하고, 이들의 입장이 되어 상상하고, 이들의 욕구와 열망을 분석한 다음 결과물을 구성하여 도출하는 것이다.

이처럼 인간을 관찰하고 분석하여 창조력을 발휘하는 디자인 사고는 기업뿐만 아니라 사회 전반으로 확장할 수 있다. 디자인을 통해 사회의 패러다임을 변화시킬 수 있다는 주장은 허무맹랑한 이야기가 아니다. 현대사회의 전 분야에서는 지속 가능성을 추구하자는 목소리를 높이고 있고, 불확실한 세상을 헤쳐 나갈 도구로 디자인을 꼽기도 한다. 그만큼 디자인의 사회적 의미는 막중해졌다. 이는 곧 디자인을 활용해 인간의 삶을 윤택하게 바꿀 수 있는 기회는 물론, 대중들이 이를 목격하고 디자인의 혜택을 누릴 수 있는 기회 역시 많아졌다는 것을 의미한다.

한국 공공 디자인의 현주소

공공 디자인은 왜 중요한가

지난 2006년 국회에서 처음으로 공공 디자인 포럼이 열렸다. 나는 당시 탠저린의 파트너 회사 대표인 팀 프렌들리(Tim Friendly)와 함께 이 포럼에 참석한 적이 있다. 국회에는 20여 명의 국회의원을 포함해 500여 명의 참석자들이 자리를 함께했다. 그 자리에서 우리는 공공 디자인의 성공적인 사례를 이들에게 소개하며 공공 디자인이 왜 지금 우리에게 필요한지에 대해 발표했다. 그때 우리가 소개했던 사례는 영국의 브리스틀 시와 탠저린이 함께 진행한 런던 교통국의 공공 디자인에 관한 것이었다. 당시 이 포럼은 공공 디자인에 대한 대중과 정치인들의 관심을 불러일으키며 공공 디자인을 정책적으로 뒷받침해야 한다는 여론으로 이어졌고, 다양한 분야의 전문가들이 공공 디자인에 참여하기 시작한 계기가 되었다.

물론 그 이후에 한국의 공공 디자인이 단시간 내 괄목할 만한 성장을 이루었다고는 단언할 수 없다. 공공 디자인은 하루아침에 뚝딱 만들어 내놓을 수 있는 상품이 아니다. 공공 디자인의 개념을 한국에서 최초로 정부와 함께 논의했던 한 사람으로서, 나는 여러 가지 상황 때문에 한국의 공공 디자인을 좀 더 발전시키지 못한 것에 대해 여전히 책임감을 느낀다.

금이 간 창문 하나가 건물 전체를 폐허로 만든다는 말을 빌리지 않더라도, 디자이너로서 우리가 살아가는 공간에 대한 사회적 책임감은 항상 존재한다. 나는 현재 우리가 누리는 이 삶은 미래의 후손들에게 빌려 온 것이며, 그렇기 때문에 이런 '지속 가능한 디자인'에 대해 늘 고민해 왔다. 그리고 이런 고민과 관심을 공공 디자인으로 표현할 때 그 영향력이 가장 크다고 생각해 왔다.

문제는 '보여 주기'식의 디자인

종종 한국의 공공 디자인이 하드웨어 위주로 접근해 '보여 주기 위한 디자인'에 천착한다는 사실을 비판하곤 한다. 과거에는 '공공 디

런던의 택시 승강장

이 택시 승강장은 탠저린과 런던 교통국이 함께 개발한 것으로 해외에서 오는 방문자들이
정류장에 설치된 터미널 기기에 미리 행선지를 입력하면 대기하던 택시 운전사에게
자동으로 전송되어 원활하게 목적지를 찾아갈 수 있도록 고안되었다. 이는 시설 중심의
공공 디자인에서 사람 중심의 공공 디자인으로의 접근을 보여 주는 사례다.

자인'이라 하면 무언가를 세우고, 만들고, 바꾸는 등 물리적인 변화만 생각했다. 길거리의 조형물이나 벤치 등 '스트리트 퍼니처'에만 신경을 쓸 뿐, 정작 이용하는 사람들은 그 '거리 가구'를 만드는 비용인 세금을 내면서도 그 혜택을 즐겁게 누리지 못했다. 한강만 봐도 그렇다. 그 많은 예산을 들여 한강을 그렇게 재정비했음에도 불구하고 그걸 이용하는 사람들은 장마철마다 비가 오면 잠겨 버리는 한강의 문제점을 목격해 온 것이다.

그래도 최근에는 수년 전과 비교해 우리나라의 공공장소가 예전과 비교할 수 없을 정도로 잘 정돈되고 있는 듯하다. 공공 디자인이 '공공을 위한 디자인'이 아니라 '시각적 공해'일 뿐이라는 인식도 점점 줄어들고 있다.

단적인 예로 집 근처를 산책하다가 잠시 쉴 수 있는 공간이 많아지고, 주민들이 공적으로 사용하며 즐길 수 있는 곳이 많아졌다는 사실만으로도 반가운 마음이 든다. 어두운 길거리를 밝히기 위해서는 무조건 전기 사용량을 늘리는 것이 아니라 길거리의 주요 시설에 대해 색상을 밝게 한다거나 주변 환경을 적절히 정비하는 것으로 가능하다는 인식은 공공 디자인의 훌륭한 시작이다. 이렇게 공공 디자인을 잘 활용한다면 범죄 발생률을 낮출 수 있다는 인식도, 그러므로 공공 디자인이야말로 디자인 분야 중에서 가장 실질적으로 필요한 것이라는 인식도 모두 최근에 생겨나고 있다.

사실 한국의 거리 곳곳이 이렇게 현대적으로 변모하게 된 것도 그리 오래된 일이 아니다. 지형이나 인구 밀도 등을 비교해 볼 때 우리나라 도시의 모습은 홍콩, 도쿄 같은 도시를 참고했다는 것을 알 수 있다. 그런 이유로 난 요즘도 홍콩이나 도쿄를 방문할 때면 현란한 네온사인과 강렬한 색채 등으로 이루어진 도시의 풍경을 유심히 본다. 이런 모습은 눈부신 경제 성장과 첨단화된 라이프스타일을 드러내는 한편, 우리가 도시 디자인에 대해 지금까지 고민해 온 것들을 보여 주고 있다는 생각도 든다. 다시 말하자면 그들이 성장에 몰두하면서 도시의 정체성을 고민하면서 겪어 온 과정을 우리도 유사하게 겪고 있다는 것이다.

멀리 내다보는 여유를 가져라

얼마 전 나는 흥미로운 뉴스를 본 적이 있다. 미국은 국무부, 재무부 등 정부 부처의 명칭을 몇 백 년째 바꾸지 않고 사용하고 있는 반면, 우리나라는 정권이 교체될 때마다 부처 이름이 변한다는 내용이었다. 우리나라 공공 디자인의 문제점도 이와 유사하다. 우리나라에서는 공공 디자인이 여전히 하나의 이벤트처럼 인식되고 있는 것이다. 이벤트는 일관성 있는 철학이나 전략을 바탕으로 나오는 것이 아니라 환경과 여건에 따라서 번번이 달라지는, 말 그대로 그때그때 일어나는 행사다. 이런 이벤트 같은 접근이 특히 공공 디자인에 적용될 때에는 큰 문제가 발생한다.

서울의 교통 시스템과 런던의 교통 시스템은 각각 동양과 서양의 가장 대표적인 성공 사례로 자주 언급되곤 한다. 이 둘은 기술적인 면은 유사하지만, 결정적으로 다른 점이 있다. 바로 공공 디자인을 대하는 방식이다. 영국은 디자인 기획 단계부터 100년을 내다본다. 그래서 모든 시스템을 완성한 후에도 본격적으로 선보이기 전, 1~2년 동안 시스템을 테스트하며 모든 버그를 잡아내는 등 수정에 박차를 가한다. 시스템은 물론 교통 표지판, 지하철 지도, 그리고 영국 지하철의 상징인 언더그라운드 로고와 타이포그래피 등 모든 요소들을 통합적으로 디자인한다. 이렇게 디자인된 요소들은 100년 이상 지속된다.

반면 우리는 100년이 아니라 10년도 내다보지 못하는 공공 디자인인 경우가 많다. 수많은 제약 조건과 촉박한 시간에 시달리며 디자인을 완성한 후, 실제 사용해 보면서 피드백을 받아 오차를 줄이고 수정하는 식이다. 물론 실생활에서 사용하면서 수정해 가는 편이 오히려 현실적인 방법일지도 모른다. 문제는 마음가짐이다. 1~2년 정도 늦어지는 것은 괜찮다는 영국 사람들의 여유는 이 시스템이 100년 이상 사용될 거라는 믿음을 공유한다. 또한 미래의 후손

들에게 잘못된 정책과 시스템을 물려주지 않겠다는 배려와 책임감
을 나타내기도 한다.

공공 디자인의 인식을 바꾸는 것은 디자이너의 몫이다

공공 디자인을 대할 때에는 디자인을 하는 사람도, 디자인을 사용
하는 사람도 인내심을 가져야 한다. 이런 자세는 우리에게 시사하
는 점이 크다. 공공 디자인에서 가장 중요한 것은 얼마나 근사한 조
형물을 보여 줄 것인가, 또는 시스템을 어떻게 보여 줄 것인가로 설
명되는 '하드웨어'의 문제가 아니라, 함께 고민하고 실행하며 살아갈
공동체의 참여가 필요한 문제다. 이러한 자발적인 참여를 이루기 위
해서는 그 사회 구성원들과 함께 공통된 비전을 공유하고 이해하는
태도가 중요하다. 대표적으로 일본이 공공 디자인은 물론 더 나아가
향토 브랜드의 육성에도 성공한 것은 지역 구성원 모두가 서로에 대
한 배려와 희생정신을 나누었기 때문이다. 설사 나의 소유라 할지라
도 밖에서 보이는 것은 공공의 것이라는 믿음으로 주위 환경과 조
화를 이루고자 노력하는 자세는 공공 디자인에서 가장 기본이 되는
태도다.

공공 디자인은 근사한 조형물을 세우는 디자인이 아니라 지금까

지 느끼지 못했던 문제점을 찾아 개선하고 사람들의 삶에 도움을 주는 디자인이어야 한다. 그리고 만약 아직도 공공 디자인의 필요성에 대한 인식이 높지 않다면, 그건 전적으로 나와 같은 디자이너들의 책임이다. 공공 디자인을 제대로 보여 주어야 하는 것은 정치인도, 공무원도 아닌 바로 디자이너들의 몫이다.

좋은 예술가는 모방하고, 위대한 예술가는 훔친다

모방과 창조성

각 분야마다 천재라고 불리는 사람들이 적지 않게 존재한다. 언론에서는 신화와 같은 이들의 성공담을 자주 소개하고, 이들이 살아온 배경과 이루어 놓은 업적을 칭송한다. 우리는 이런 사람들을 존경하고 부러워하며 한편으로는 이들의 성공 비결은 무엇일까, 우리와 다른 점은 무엇일까 궁금해 한다. 이들은 과연 태어났을 때부터 천재였을까? 아니면 과연 단순히 천재이기 때문에 자신의 분야에서 성공할 수 있었을까? 그러나 이들이 일을 성취한 과정을 살펴보면 누구나 태어날 때부터 천재적인 소양을 가진 사람은 거의 드물다는 것을 알 수 있다.

오늘날에도 여전히 천재 화가라 불리는 파블로 피카소는 이렇게 말했다. "좋은 예술가는 모방하고, 위대한 예술가는 훔친다.(Good artists copy, great artists steal.)" 피카소가 공공연하게 영향을 받았다고 말하곤 했던 고흐도 종종 밀레의 그림을 모작하곤 했다. 밀레의 그림에서 동일한 구성과 색감을 가져온 것인데, 얼핏 보면 같은 그림이라 착각할 정도다. 하지만 그 누구도 고흐가 밀레의 그림을 베꼈다고 하찮게 여기지는 않는다. 밀레의 그림에서 구성과 색감을 가져왔을지라도 고흐가 스스로 발전시킨 특유의 강인함과 역동성으로 완전히 다른 작품이 됐다. 우리는 고흐가 밀레에게서 '영감'을 받았다고 이야기한다.

사실 피카소의 이 오래된 명언 자체도 온전히 피카소만의 것이라고는 볼 수 없다. 피카소와 동시대에 살았던 시인 T. S. 엘리엇은 "성숙하지 못한 시인은 흉내 내고, 성숙한 시인은 훔친다.(Immature poets imitate, mature poets steal.)"고 말했고, 이들 두 사람보다 조금 더 일찍 태어난 아일랜드의 극작가 오스카 와일드는 "재능이 있는 사람은 빌리고, 천재는 훔친다.(Talent borrows, genius steals.)"고 말했다. 그러니 '천재' 피카소 역시 이 명언을 '훔쳐' 온전히 자신의 방식대로 펼쳐 보인 셈이다.

역사상 가장 의미심장한 도둑질

디자인계에서도 이 명언은 어김없이 적용된다. 피카소의 이 말이 새삼 유명해진 것은 사실 스티브 잡스가 1994년 어느 인터뷰에서 이를 인용한 후부터다. 이후 빌 게이츠와 스티브 잡스의 이야기를 다룬 영화 「실리콘 밸리의 신화(Pirates Of Silicon Valley)」(1999)와 『스티브 잡스』 전기에서도 그가 자신의 인생에서 이 말을 어떻게 인용했는지 자세히 나와 있다. 스티브 잡스는 애플이 제록스 파크(PARC, 팔로알토 연구 센터Palo Alto Research Center)의 기술을 카피했다고 비난받을 때마다 이 말을 자주 언급했다. 스티브 잡스의 전기를 보면 이렇게 표현되어 있다.

애플이 제록스 파크의 기술을 가져다 쓴 것은 IT 업계 역사상 가장 의미심장한 도둑질로 간주되곤 한다. 잡스는 때때로 그것을 자랑스럽게 인정했다. "요약하면, 역사에 등장한 최고의 아이디어를 찾아내서 자신이 하는 일에 접목해 활용하려는 노력이라 할 수 있지요." 언젠가 잡스는 말했다. "피카소는, 좋은 예술가는 모방하고 위대한 예술가는 훔친다고 말했습니다. 우리는 훌륭한 아이디어를 훔치는 것을 부끄러워한 적이 없습니다."

스티브 잡스는 제록스의 컴퓨터에 영감을 받아 자신의 딸의 이름을 붙여 '리사' 컴퓨터를 만들어 냈다. 또한 얼마 후 영국 디자이너 제임스 다이슨의 속이 훤히 보이는 투명한 청소기에 영감을 받아 투명한 디자인의 아이맥 컴퓨터를 탄생시켰다. 그리고 이 아이맥은 애플을 적자 기업에서 흑자 기업으로 바꾸어 놓았다.

최근 삼성과 애플 사이의 특허 전쟁이 터지면서 잡스가 인터뷰에서 한 이 말이 다시 화제가 되기도 했다. 사실 애플과 삼성 사이의 기술 및 조형성 논란을 차치하고라도, 디자인계에서는 오랫동안 '오리진'에 대한 논쟁이 끊임없이 벌어져 왔다. 우리가 주목해야 할 점은 세상에 존재하지 않던 제품을 고안해 내는 것은 대단히 어려운 일이라는 것이다. 설사 세상에 존재하지 않았던 제품을 고안했다고 해도 사실상 다른 제품으로부터 직간접적인 영향을 받고 있다.

천재 디자이너는 없다

나는 천재적인 자질을 가지지 못했다는 이유로 고민하거나 좌절하는 후배 디자이너를 많이 만났다. 그런 이들을 향한 내 대답은 한결같다. 천재적인 디자이너가 아니라고 해서 좌절할 필요가 없다는 것이다. 대신 끊임없이 문제를 고민하는 열정만 있으면 충분하다. 모방에 머물지 않고 더 나은 결과물을 만들겠다는 열정을 발휘한다면 자신만의 것을 만들 수 있다고 말이다. 어느 날 화장실에서 문득 기가 막힌 문제의 해답이 떠올랐다는 이야기는 그가 번뜩이는 아이디어를 낼 수 있는 천재이기 때문이 아니라, 그 고민을 화장실에까지 안고 들어갈 만큼 열정적이기 때문이다.

나는 요즘 시대에 최고의 미덕이라 여기는 '창조성'이란 '유에서 무를 만드는 것'이 아니라 '쓰러진 유에서 새로운 유를 만드는 것'이라고 생각한다. 프로세스 없이 한순간에 직감적으로 얻는 결과물이 아니라 지속적인 모방을 통해 진정한 가치를 만드는 것이야말로 진정한 창조성이라는 것이다. 아무런 관련이 없어 보이는 분야의 것들을 결합하고 새로운 발상으로 발전시켜 나가는 것이 디자이너에게 중요하다는 이야기는 이미 앞에서도 여러 번 언급했다. 이는 창조가 대단히 어려운 일도, 멀리 있어서 손에 잡히지 않는 것도 아닌, 우리가 쉽게 다가가고 실천할 수 있는 대상이라는 것이다.

지난 10여 년 동안 나는 매년 밀라노 가구 박람회를 참관해 왔다. 가구를 보는 즐거움도 있지만 수준 높은 이탈리아 음식을 접하는 것도 내겐 즐거운 경험이었다. 하지만 언젠가부터 이탈리아 본고장에서 먹는 피자나 파스타보다 한국의 요리사들이 만드는 이탈리아 음식이 더 깊은 맛을 내는 듯한 느낌을 받았다. 그렇다면 한국의 이탈리아 요리는 '모방한' 요리인가? 나는 절대 그렇지 않다고 생각한다. 이탈리아에서 건너온 이들의 요리법은 한국의 식자재와 한국의 환경에서 더욱 고도화되어 발전된 전형적인 '홈친' 제품이다.

천재성으로 '무에서 유'를 창조하기는 쉽지 않지만, 다양한 '유'를 더욱 고도화하고 때로는 서로 다른 문화와 경험 및 사고를 융합해 가는 것이 바로 창조성을 찾아 나서는 여행의 첫걸음이다. 그리고 "과연 그럴까", "왜 그럴까", "그래서 어떻게 만들까" 등의 질문을 떠올리는 것은 이 여행을 더욱 의미 있게 만드는 출발점이 될 것이다.

내가 생각하는
좋은 디자인의 10가지 원칙

좋은 디자인을 생각하는 기준은 저마다 다르다. 어떤 사람은 시장에서 성공한 디자인이 좋은 디자인이라고 할 수도 있고, 또 어떤 사람은 미래의 후손들에게 이로움을 주는 '지속 가능한 디자인'을 좋은 디자인이라 할 수도 있으며, 혹은 아주 간단하게 개성이 있다거나 기능이 훌륭한 디자인을 좋은 디자인이라고 할 수도 있다. 누군가 나에게 어떤 디자인이 좋은 디자인이라고 생각하느냐고 묻는다면 나 역시 그때그때 다른 대답을 하곤 한다. 왜냐하면 좋은 디자인의 자격 요건을 떠올리다 보면 디자인을 둘러싼 상황과 맥락을 생각하지 않을 수 없고, 어떤 상황과 맥락에서 어떤 가치를 중시하는가에 따라 좋은 디자인의 기준이 달라지기 때문이다.

디자인의 기능적 측면을 강조한다면, 보기에 아름답지만 사용하기 불편한 디자인은 좋은 디자인이 될 수 없다. 마찬가지로 디자인의 환경적 측면을 강조한다면, 아무리 많은 사람들이 애호하는 디자인 제품이라도 먼 미래의 환경에 나쁜 영향을 준다면 그것 역시 좋은 디자인이라 할 수 없다. 보통 사람들이 좋은 디자인이 갖추어야 할 조건으로 떠올리는 것들은 무엇이 맞고 틀리다고 단정할 수는 없다.

정말 완벽하게 좋은 디자인이 되기 위해서는 여러 상황과 맥락을 다 함께 고려해야 한다. 다만 좋은 디자인을 위해 '가장 중요'하다고 생각하는 조건은 어디에 무게를 싣는지에 따라 다를 수도 있을 것이다. 사용자에 대한 배려와 존중, 미적 가치, 기능성, 지속성, 환경에 대한 영향 등을 두루 살필 때 디자인의 '본질'에서 벗어나지 않는 '좋은 디자인'에 대한 단서를 얻을 수 있다.

게다가 디자인의 산업 환경과 시장 상황은 시시각각 변화하고 있고, 이에 따라 디자인에 대한 인식과 디자이너의 역할 역시 변하기 마련이다. 우후죽순 격으로 쏟아져 나오는 '좋은 디자인'에 대한 수많은 정의 속에서 디자이너가 길을 잃지 않기 위해서는 자신만의 원칙을 세우고 이를 실천하고자 노력해야 한다고 생각한다. 이에 나는 나의 경험을 바탕으로 나만의 '좋은 디자인 10가지 원칙'을 생각해보았다. 이것은 '좋은 디자인'이란 무엇인가라는 질문에 대한 답이 아니라 그 답을 찾기 위한 출발점이 될 것이다.

1. 좋은 디자인은 어울림이다.

좋은 디자인은 자기 역할에 최선을 다하는 것이다. 자신이 주인공일 때에는 주인공의 역할에 최선을 다하고, 조연일 경우에는 조연의 역할을 다하는 것이다. 그 제품이 사용되는 환경에 잘 스며들어야 오랫동안 사랑을 받는다. 디자인이 주변과 어울리지 못하고 지나치게 유행에 민감해 보인다거나 마치 본인을 위해 다른 주변의 것들이 존재하는 양 지나치게 나서는 것처럼 보일 때, 사람들은 오히려 쉽게 싫증을 낸다. 좋은 디자인은 군림하는 것이 아니라 공존하는 것이다.

2. 좋은 디자인은 절제한다.

고객이 어떤 기능을 경험하게 하는 것이 그 디자인의 목적이라면, 가능한 한 적은 재료를 사용하여 만드는 것이 좋다. 절제하여 만든 디자인은 재료의 비용을 절감할 뿐 아니라 사용하면서 유지 보수를 용이하게 해 준다. 좋은 디자인은 좋은 프레젠테이션처럼 전달하고자 하는 주제가 명쾌하며 간결해야 한다. 값비싸 보이게 하기 위해 혹은 새로워 보이게 하기 위해 일부러 과도하게 재료를 사용해 장식적으로 표현하는 등 본연의 목적에서 벗어나는 디자인은 결국 시장에서 외면을 받는다. 우리가 풍족하게 사용하는 지금의 자원도 미래의 후손들에게 빌려 온 것임을 잊지 말아야 한다.

3. 좋은 디자인은 더불어 완성한다.

디자인은 심지어 시장에서 목숨을 걸고 경쟁하는 경쟁자와도 더불어 완성한다. 디자인을 하다 보면 다양한 분야의 협업이 반드시 필요하고, 그 분야 전문가들의 고민을 잘 반영하도록 노력해야 한다. 디자인은 고객의 니즈, 환경을 비롯한 내외적 여건, 공급 네트워크의 구축, 경쟁자들의 현황, 국가의 비전, 회사의 중장기 전략, 기술의 패러다임, 그리고 고객에게 어필하기 위한 브랜드 전략 등을 다각적으로 고민하여 상황에 맞도록 우선순위를 재배열하는 것이 중요하다. 남들이 생각해 보지 못한 고민들을 상황에 맞도록 진행하면 좋은 디자인에 한 걸음 더 가까워질 수 있다.

4. 좋은 디자인은 경쟁자들의 모방을 허한다.

좋은 디자인 뒤에는 반드시 윤리적이지 못한 모방 제품이 후발 주자처럼 뒤따른다. 물론 특허나 의장권에 위배되거나 그대로 카피하는 디자인을 만날 때면 힘들고 고통스럽긴 하지만 법적인 방법으로 해결할 수 있다. 하지만 디자이너들을 더 괴롭히는 것은 교묘하게 법적인 책임을 피해 만들어진 모방 제품이다. 이러한 모방 제품과의 전면적인 전쟁은 힘을 소진하게 한다. 좋은 디자인은 이러한 모방 제품에 대해 자신감을 가져야 한다. 경쟁사들의 모방 제품 출현을 두려워하지 마라. 오히려 그들의 모방을 허하자. 결국 그들은 우리를 '진

품'으로 만들어 주는 역할을 할 것이다. 따라서 경쟁사의 모방 제품
이 결코 모방할 수 없는 핵심적인 비기(秘技) 한두 개를 제품에 담는
것도 중요하다.

5. 좋은 디자인은 오랜 생명력을 가진다.

시대가 변해도 오래 지속될 수 있는 디자인을 세상에 내놓는 것은
모든 디자이너들의 희망이다. 상품이 시장에서 오래 살아남는다는
것은 그만큼 오랫동안 제조사에게 이윤을 준다는 뜻이다. 월터 헌트
(Walter Hunt, 1796~1859)가 1849년에 개발한 옷핀(Safety Pin)과 윌리
엄 미들브룩(William Middlebrook, 1851~1936)이 1890년에 개발한 페
이퍼 클립(Slide-on Paper Clip)은 정보 통신 기술이 범람하는 21세기
에도 여전히 사용되고 있다. 사실 오랜 생명력을 지닌 상품을 디자
인하기란 대단히 힘든 일이지만 최적의 구조와 최소의 비용, 그리고
다양한 계층의 소비자들이 쉽게 사용할 수 있는 직관적인 조작법
등을 잘 해결한다면 시장에서 파괴력을 가진 디자인 제품을 만들어
낼 수 있을 것이다.

6. 좋은 디자인은 디테일의 힘을 잘 활용한다.

한국이 수출하는 제품의 디자인은 이제 디자인 선진국 비해 90퍼센
트 이상의 디자인 수준에 다다랐다고 평가된다. 일부 정보 통신 기

술 제품에서는 세계 최고의 디자인 수준을 자랑하기도 한다. 하지만 여전히 북유럽과 서유럽의 디자인 선진국에 비해 전반적인 디자인 수준이 높다고 할 수는 없다. 물론 50년도 안 되는 짧은 디자인 역사로 이처럼 괄목할 만한 성장을 이룬 것은 한국 디자인의 집중력을 보여 주는 자랑스러운 일이지만 진짜 승부는 지금부터다. 지금부터야말로 디테일의 힘으로 완성도를 높여 가야 하는 과정이기 때문이다. 나머지 10퍼센트의 간격은 지금까지 노력의 몇 배로도 달성하기가 쉽지 않다. 제품에서 경험하는 작은 디테일은 결국 큰 가치를 좌우한다. 이 디테일은 고도의 집중력에서 나오기도 하고, 적당한 타협을 지양하는 신념에서 오기도 한다. 최고의 디자인을 만들기 위해서는 집중력과 신념 중의 하나라도 정확히 구현되어야 한다. 모든 사람들이 만족할 때 '조금 더'를 외치는 것이 바로 디테일의 시작인 것이다.

7. 좋은 디자인은 기업의 리스크를 최소화한다.

영국 디자인 카운슬에서 조사한 바에 의하면 조사 대상 CEO의 66.8퍼센트가 나쁜 디자인으로 기업에 피해를 입은 적이 있다고 고백했다. 디자인이라고 다 좋은 것은 아니라는 의미다. 좋은 디자인은 디자이너를 위한 자아실현의 도구가 아니다. 디자인은 기업의 리스크를 늘 고민해야 한다. 시장 상황을 깊이 고려하지 않은 너무 앞선 디자인도, 너무 평범한 디자인도 결국 시장에서 실패하고 만다. 시장은 움직이는 타깃이다. 좋은 디자인은 과녁을 정확히 맞히는 디자인이지 시위를 당기는 내 힘을 자랑하는 것이 아니다.

8. 좋은 디자인은 사멸을 준비한다.

오랜 수명을 가진 좋은 디자인도 결국은 사멸하게 된다. 디자이너는 디자인의 수명이 다할 때를 고민해야 한다. 한동안 공공 디자인이 한국의 경관에 많은 영향을 미쳤다. 디자이너의 손길이 닿은 곳곳의 간판이나 길거리가 정돈되어 갔다. 하지만 수도권을 벗어나서 디자이너의 손길이 제대로 미치지 못했던 지역의 환경 조형물 같은 공공 디자인은 설치와 동시에 비난의 대상이 되곤 했다. 문제는 이러한 조형물이 사멸을 고민하지 않고 마치 영구히 존재할 것처럼 주변 환경을 다 희생시켜 가면서 설치된다는 것이다. 나중에 이러한 조형물이 철거될 때 복구하기 힘든 피해를 주변에 끼치는 안타까운 현상을 종종 경험할 수 있다. 좋은 디자인은 제품의 수명이 다한 후 자연으로 돌아갈 때 최대한 신속하고 효율적으로 해체될 수 있어야 한다. 그러나 대부분 제품을 디자인할 때 많이 판매하기 위한 디자인을 고민하지만, 판매 후 사용 용도를 마치고 폐기될 때까지의 디자인을 고민하는 경우는 드물다. 좋은 디자인은 만들어질 때부터 폐기될 때까지 모든 과정을 고민해야 하는 것이다.

9. 좋은 디자인은 시행착오다.

디자인은 상상을 가장 저렴한 비용으로 시뮬레이션해 보는 행위다. 이 '상상 시뮬레이션'이 때로는 기대하지 않은 기회를 창출하기도 한다. 최근 실패 기업에게 재기의 기회를 주자는 캠페인이 한창인데, 디자인은 최소의 비용으로 재기의 성공 확률을 높이는 수단이다. 제품을 만들기 전에 겪는 수많은 시행착오는 결국 실제 비용이 투자되었을 때 실패 확률을 현저히 줄일 수 있다. 바로 이런 이유에서 좋은 디자인은 시행착오를 거치는 것이다. 그러나 양산 단계에서는 시행착오가 없어야 한다. 양산에서의 시행착오는 바로 원가 상승으로 이어져 결국 기업의 존폐를 위협하기 때문이다. 대신 디자인을 하면서 충분히 시행착오를 경험하라. 이것이 기업이 살길이다.

10. 좋은 디자인은 쉬운 디자인이다.

쉬운 이해, 쉬운 사용, 쉬운 휴대 등등 쉬운 제품은 쉬운 디자인에서 출발한다. 좋은 디자인은 두 번의 과정보다 한 번의 과정에서 문제를 해결한다. 구글의 디자인은 복잡해 보이는 정보 탐색을 쉽고 명확하게 보여 주면서 어느 계층이든지 쉽게 사용할 수 있도록 만든 것으로 유명하다. 고객을 괴롭히지 말고 편안하게 부담 없이 사용하도록 접근시키는 디자인은 좋은 디자인이 되기 위한 가장 중요한 요건 중의 하나다.

디자인 경영 관련 도서

곤노 노보루 지음, 유주현 옮김, 『아트 컴퍼니: 경영을 디자인하는 창조기업』, 이콘, 2010.

로저 마틴 지음, 이건식 옮김, 『디자인 씽킹』, 웅진윙스, 2010.

마티 뉴마이어 지음, 박선영 옮김, 『디자인풀 컴퍼니』, 시그마북스, 2009.

수잔 와인생크 지음, 이재명·이예나 옮김, 『모든 기획자와 디자이너가 알아야 할 사람에 대한 100가지 사실』, 위키북스, 2012.

워렌 버거 지음, 오유경·김소영 옮김, 『글리머, 디자인이 반짝하는 순간』, 세미콜론, 2011.

정경원 지음, 『디자인 경영』, 안그라픽스, 2006.

제임스 다이슨 지음, 박수찬 옮김, 『계속해서 실패하라』, 미래사, 2012.

크레이그 M. 보겔 외 지음, 정국현 외 옮김, 『디자인으로 미래를 경영하라』, 럭스미디어, 2006.

톰 켈리, 조너던 리트맨 공저, 『유쾌한 이노베이션』, 세종서적, 2002.

팀 브라운 지음, 고성연 옮김, 『디자인에 집중하라』, 김영사, 2010.

Herbert Birkhofer ed., *The Future of Design Methodology*, Springer Verlag, 2011.

Jane Fulton Suri, *Thoughtless Acts?: Observations on Intuitive Design*, Chronicle

Books, 2005.

Jeanne Liedtka & Tim Ogilvie, *Designing for Growth: A Design Thinking Toolkit for Managers*, Columbia University Press, 2011.

Vijay Kumar, *101 Design Methods: A Structured Approach for Driving Innovation in Your Organization*, John Wiley & Sons Inc., 2012.

경영 전략 관련 도서

김위찬, 르네 마보안 공저, 강혜구 옮김,『블루오션 전략』, 교보문고, 2005.

다니엘 핑크 지음, 김주환 옮김,『DRIVE 드라이브: 창조적인 사람들을 움직이는 자발적 동기부여의 힘』, 청림출판, 2011.

대니얼 카너먼 지음, 이진원 옮김,『생각에 관한 생각』, 김영사, 2012.

문영미 지음, 박세연 옮김,『디퍼런트: 넘버원을 넘어 온리원으로』, 살림Biz, 2011.

스튜어트 다이아몬드 지음, 김태훈 옮김,『어떻게 원하는 것을 얻는가』, 8.0(에이트 포인드), 2011.

알렉산더 오스터왈더, 예스 피그누어, 팀 클락 공저, 유효상 옮김,『비즈니스 모델의 탄생』, 타임비즈, 2011.

얀 칩체이스, 사이먼 슈타인하트 공저, 야나 마키에이라 옮김, 이주형 감수,『관찰의 힘』, 위너스북, 2013.

에이드리언 J. 슬라이워츠키, 칼 웨버 공저, 유정식 옮김,『디맨드: 세상의 수요를 미리 알아챈 사람들』, 다산북스, 2012.

이민규 지음,『실행이 답이다』, 더난출판, 2011.

조너선 번즈 지음, 이훈·구계원 옮김,『레드오션 전략: 잃어버린 '흑자의 섬'을 찾아서』, 타임비즈, 2010.

Charlene Li & Josh Bernoff, *Groundswell: Winning in a World Transformed by Social Technologies*, Harvard Business Review Press, 2011.

Dan Roam, *The Back of the Napkin: Solving Problems and Selling Ideas with Pictures*, Expanded edition, Portfolio Trade, 2013.

John Kao, *Innovation Nation: How America Is Losing Its Innovation Edge, Why*

It Matters, and What We Can Do to Get It Back, Free Press, 2007.

Steve Blank, *The Startup Owner's Manual: The Step-By-Step Guide for Building a Great Company*, K&S Ranch, 2012.

William P. Barnett, *The Red Queen among Organizations: How Competitiveness Evolves*, Princeton University Press, 2008.

디자인 관련 도서

나이절 크로스 지음, 박성은 옮김,『디자이너는 어떻게 생각하는가』, 안그라픽스, 2013.

도널드 노먼 지음, 박경욱 외 옮김,『감성 디자인』, 학지사, 2010.

마르크 스틱도른, 야코프 슈나이더 외 지음, 이봉원·정민주 옮김,『서비스 디자인 교과서』, 안그라픽스, 2012.

빅터 파파넥 지음, 현용순·조재경 옮김,『인간을 위한 디자인』, 미진사, 2009.

앨리나 휠러 지음, 유승재 옮김,『디자이닝 브랜드 아이덴티티』, 비즈앤비즈, 2012.

조영식 지음,『인간과 디자인의 교감 빅터 파파넥』, 디자인하우스, 2008.

존 헤스켓 지음, 김현희 옮김,『로고와 이쑤시개』, 세미콜론, 2005.

Donald A. Norman, *The Design of Everyday Things*, Basic Books, 2002.

Philips Design, *Vision of the Future*, 1996.

Sophie Lovell & Klaus Kemp, Dieter Rams: *As Little Design as Possible*, Phaidon Press, 2011.

도판 출처

p.17, 19~21, 24, 25, 34 image courtesy of tangerine / **p.41** ⓒ HAPPYCALL Co., Ltd. /

p.43 ⓒ Hurom Group Corporation / **p.50** ⓒ KIA Motors Corp. /

p.54, 55 image courtesy of tangerine / **p.60** ⓒ rockheim / **p.72, 73** design by Dieter

Rams, photo ⓒ Koichi Okuwaki / **p.76** ⓒ Dyson(www.dyson.com) /

p.80 www.kr-tech.net / **p.89** ⓒ Lockon Aviation Photography / **p.92** ⓒ Coway

Co., Ltd. / **p.96, 97, 100** image courtesy of tangerine / **p.103** Creative Commons /

p.110, 111 ⓒ HAPPYCALL Co., Ltd. / **p.126, 127, 130, 140, 141, 146~148, 152, 154**

image courtesy of tangerine / **p.175** ⓒ ALESSI / **p.183** image courtesy of

tangerine / **p.191** Philips Design film 「Vision of the Future」(1996) capture image

p.196, 197 image courtesy of tangerine / **p.202** public domain / **p.214, 224, 225,**

227, 231 image courtesy of tangerine

ㄱ

게이츠, 빌 239

경험 디자인 212, 213, 216, 221

광성전자 82

구글 251

글로벌리즘 86, 88~91, 93

기아자동차 49, 50, 71

김위찬 37

ㄴ, ㄷ

나눔 디자인 178

내셔널리즘 88

네트워크 125, 128, 129, 131, 132, 135,
163, 172, 205, 206, 247

다비셔, 마틴 68, 132

다이슨, 제임스 75~77, 240

다이얼로그 카페 214

다학제 51, 52

데이비스 어소시에이츠 128

델, 마이클 123

도요타 194, 195, 197

디자인 가이드라인 63~65

디자인 경영 27, 28, 35, 46~49, 51, 53, 56,
59, 61, 65, 66, 71, 82, 84, 98, 108, 132

디자인 싱킹 221

디자인 포 어빌리티 227

디지털캐스트 58, 60

『디테일의 힘』 144

딕슨, 톰 215, 216

ㄹ

라이프 스페이스 203, 204

라이프 웨어 203, 205~207

라이프 테크 203, 204, 208

람스, 디터 71, 73

래미안 아파트 145~154, 211

런던 교통국 229, 231

레노버 86

레드오션 37~40, 42~45, 108

로열 칼리지 오브 아트 120, 213

로컬리즘 86, 88~93

로테크 108

ㅁ

마보안, 르네 37

만국박람회 195, 201, 202

매슬로, 에이브러햄 177

모두를 위한 디자인 176, 226

모토롤라 158

미들브룩, 윌리엄 248

미래 하우징 시나리오 194

ㅂ

베른, 쥘 192

베이지, 에드 44

벨킨 65, 66

보르도 텔레비전 82

부분 디자인 198

브라운 71, 73

브레인스토밍 66

블루오션 37~42, 44, 45, 108

비디오폰 와치 190

『비전 오브 더 퓨처』 189, 191, 195, 199

비주얼 아이덴티티 66

빅 토크 16

ㅅ

『사기』 163

삼성물산 56, 145, 146, 154, 194, 211

삼성전자 82, 142

새한정보시스템 58~62

샤인폰 82

서비스 디자인 53, 106, 107, 134, 178, 213,
　　214, 219

수정궁 201, 202

슈라이어, 피터 49, 50, 71

스탁, 필립 174

스트리트 퍼니처 232

시바 190, 191

시스코 214

ㅇ

아이디오 129

아이맥 70, 77~80, 240

아이브, 조너선 70, 71, 78, 79, 81

IBM 86

아이팟 58, 59, 70, 79, 91

아이폰 70

애플 38, 59, 68, 70, 71, 78~80, 239, 240

액티브 워킹 프레임 227

언더그라운드 102, 103, 234

에어버스 128

LG전자 79~83, 142, 209

MP맨 58~60

MP3 플레이어 38, 58~60, 62, 79, 91, 203

영국항공 15~21, 23, 26, 33~35, 89, 90,
　　129, 131, 132

왕중추 144

요시오카 도쿠진 143

웅진 그룹 106

웅진 코웨이 92

워킹 모델 99

웨스트 식스 스튜디오 128

웨지우드 95~97

웨지우드, 조시아 95

웰드리스 스팀 몰드 82

윌킨슨 스워드 182, 183

유니버설 디자인 226

유로스타 46

인간 공학 127~129

인클루시브 디자인 226

ㅈ

잡스, 스티브 76, 79, 81, 239, 240

재능 기부 176~178, 184

재스퍼 97

정량적 자료 28, 193

정의선 49

정성적 자료 193

제록스 파크 239

제일정공 82

제품 디자인 49, 52, 53, 86, 109

제품 아이덴티티 66

존스턴, 에드워드 103

주빌리 라인 102

주시 살리프 174

중소기업 27, 58, 61, 62, 65, 66, 82, 99,
    101, 102, 105, 106, 109, 113, 205, 206,
    208, 209

『지구에서 달까지』 192

ㅊ, ㅋ

창조산업 30, 44

초학제 51, 52, 153

캐시디, 제이미 15

캐치맙 105, 111

K디자인 200, 201, 203, 207~209

KT&G 54, 55

콘셉트 디자인 56, 225

콘셉트 카 194, 197

클렘본 111

ㅌ, ㅍ

테팔 40, 106

토털 디자인 53, 56, 198, 199

파라다이스 그룹 56

파트너십 84, 125, 127~129, 133~135, 163

파피 홈 195

패밀리 룩 50, 66

퍼플오션 39

포셀라인 40

포어사이트 30, 192, 193

포커스 그룹 인터뷰 30~34

퓨, 스튜어트 198

프렌들리, 팀 229

프로토타입 99

필립스 디자인 189~191, 195, 199

ㅎ

학제간 51, 52

한국디자인진흥원 134, 219

한국형 욕실 147~150

해피콜 40~42, 105, 106, 108, 109, 111

헌트, 월터 248

현대자동차 49

현대중공업 225

휴롬 42, 43

히드로 익스프레스 138~141

포어사이트 크리에이터

글로벌 디자이너 이돈태의 크리에이티브 전략

1판 1쇄 찍음 2013년 7월 15일
1판 1쇄 펴냄 2013년 7월 22일

지은이 이돈태

펴낸이 박상준

펴낸곳 세미콜론

출판등록 1997. 3. 24. (제16-1444호)
135-887 서울시 강남구 신사동 506 강남출판문화센터
대표전화 02-515-2000 팩시밀리 02-515-2007
편집부 02-517-4263 팩시밀리 02-514-2329
www.semicolon.co.kr

ⓒ 이돈태, 2013. Printed in Seoul, Korea.

ISBN 978-89-8371- 616-3 03320

세미콜론은 이미지시대를 열어가는 (주)사이언스북스의 브랜드입니다.